U0742459

PUHUA BOOKS

我们一起解决问题

财务大数据
分析之道

基础入门、核心工具与应用实例

张艺博◎著

人民邮电出版社

北　京

图书在版编目（CIP）数据

财务大数据分析之道：基础入门、核心工具与应用实例 / 张艺博著. -- 北京：人民邮电出版社，2024.3
ISBN 978-7-115-63739-0

Ⅰ．①财… Ⅱ．①张… Ⅲ．①财务管理－数据处理 Ⅳ．①F275

中国国家版本馆CIP数据核字(2024)第015341号

内 容 提 要

　　大数据分析技术的普遍应用，正在改变着财务人员的工作方式和工作效率；与此同时，越来越多的中小微企业已开始使用零代码工具开发的定制化的财务数据处理系统。因此，只有理解财务中的大数据思维和逻辑，了解基本的大数据分析工具，传统财务人员才能跟上这场新技术带来的职业变革。

　　本书从逻辑、数据、财务三个维度，介绍了财务与大数据的本质关系，以及财务大数据分析的基本逻辑和常识。在此基础上，本书介绍了零代码、RPA、Python 等大数据分析工具的基本使用方法，并用两个系统搭建实例，具体讲解了这些工具在财务工作中是如何应用的。作者还在书中总结了自己多年来在大数据与财务工作转型、财务专业及课程改革方面的一些探索和思考。

　　本书对于财务专业学生清晰规划自己的知识体系，以及传统财务工作者基于企业发展实践来明确转型方向，都有很好的指导价值。

◆　　著　　张艺博
　　责任编辑　王飞龙
　　责任印制　彭志环
◆人民邮电出版社出版发行　　北京市丰台区成寿寺路 11 号
　邮编 100164　电子邮件 315@ptpress.com.cn
　网址 https://www.ptpress.com.cn
　涿州市般润文化传播有限公司印刷
◆ 开本：880×1230　1/32
　印张：8　　　　　　　　　　　2024 年 3 月第 1 版
　字数：200 千字　　　　　　　2024 年 9 月河北第 3 次印刷

定　价：69.80 元
读者服务热线：（010）81055656　印装质量热线：（010）81055316
反盗版热线：（010）81055315
广告经营许可证：京东市监广登字20170147号

献给我的母亲和妻子。

陪伴我走过最精彩的人生之路，

是你们塑造了我，

也成就了现在的我。

前 言

本书主要介绍了大数据分析和财务之间的关系，以及由大数据分析推动的财会类专业改革是如何逐步实施的。从构建理论框架，到梳理知识体系，再到开发具体课程，一个环节接着一个环节，一个步骤接着一个步骤，本书将作者三年来对财会类专业改革的思考、实践与探索，用短文的形式串联了起来。

本书主要探讨了以下几个问题。

1.大数据和财务的关系：大数据在财务领域中有哪些应用？为什么财务人员需要学习大数据技术？应该学习什么样的大数据技术？

2.零代码工具在财务领域的应用：零代码工具的概念和使用方法是什么？为什么财务人员需要学习这些工具？

3. Python在财会类专业中的角色定位：财务人员是否一

定要学习 Python？如何在财务专业课中引入 Python 相关的课程，其关键点是什么？

4. RPA（机器人流程自动化）工具的基础知识和应用方法：RPA 工具在财务领域如何应用？如何使用 RPA 工具实现财务流程自动化？

5. 财务大数据分析的一般流程、表现形式与实践案例：财务大数据分析的一般流程是什么？如何用图表化的形式来展示分析过程和结果？应用大数据技术进行财务分析的案例有哪些？

6. 关于财务大数据分析课程设置、教学方法改革以及传统财会类专业改革的建议和设想：在附录部分，本书还汇总整理了作者关于财务大数据分析教学的一些思考，包括课程的设置、教学方式的改革，乃至整个传统财会类专业的改革。

通过阅读本书，读者可以深入了解如何将大数据技术和思维方式融入财务工作中，掌握各种新技术和工具在财务工作中的角色和定位，最终根据数字化技术发展的新趋势，和企业数字化转型的新要求，来调整自己的知识结构，适应时代的变化。

本书在编写过程中，得到了河南日盛信息技术有限公司、北京万算大数据技术有限公司、中教畅享（北京）科技有限公司的鼎力支持，没有他们在各自领域的出色研究成果，本书无法顺利付诸出版。

感谢与作者一起奋斗在专业改革前沿的领导、同事以及创学团的同学，他们是：河南经贸职业学院的王新庆、刘彧、杨向东、宋薇、李彦勤、侯勇，河南日盛信息技术有限公司的丁昌，北京万算大数据技术有限公司的陈月雷，中教畅享（北京）科技有限公司的邵振亚，以及创学团的张诗雅、裴怀亮、桑芳豫、张莎莎等。

由于大数据与财会类专业改革本身的发展日新月异，本书难免有错误和疏漏之处，敬请读者发送电子邮件至zhangyibo@henetc.edu.cn，不吝赐教。

最后，再次感谢每一位为本书提供无私帮助的人员，他们的付出和专业精神是本书成功出版的关键。希望这本书能够对读者有所帮助，也希望书中所述内容能够产生持久的影响。

目录

CONTENTS

1

财务大数据分析入门

1.1　大数据和财务有什么关系

　　以教育部发布《职业教育专业目录（2021 年）》为引领，2021 年成了财会类专业大数据改革元年。新目录一出，舆论大哗，至少大多数财会类专业职业教育从业者的内心都是矛盾的。大家普遍感到困惑的问题有三个：

　　第一个是，现在好好的，为什么要折腾？

　　第二个是，大数据课程与财会类专业课程，谁是主、谁是次？

　　第三个是，怎么改？

　　南方的学校大多搁置争议，先组织改革。北方的学校基本都在观望，认为学校财会类专业人数不多，改与不改对整个学校的招生体量影响不大。

　　要解决第一个问题，就要搞清楚财会类专业现在到底是不是"好好的"，到底需不需要改？

我认为透过纷繁复杂的现象，有三点事实值得注意，一是新经济、新形态、新岗位的蓬勃发展，二是专业目录修订的间隔年限过长，三是自上而下引领性地展开新一轮专业改革具有很深的指导意味。

其中要特别说明的是，财会类专业领域有四个专业名录被冠以"大数据"三个字的加持。会计，变成了大数据与会计；财务管理，变成大数据与财务管理；税务，变成了财税大数据应用；审计，变成了大数据与审计。唯一幸免的是会计信息系统，保持了未变。

从这个改名可以看出，财会类专业未来的改革要和大数据相结合了。那么紧接着就有两个问题：什么是大数据？大数据怎么和财会类专业相结合？关于第一个问题，已经有很多书籍充斥市场，这里不再赘述。我想说的是，我们理解的大数据是什么样的，这才是目前财会类专业和大数据结合后改革的主要动因。

比如说，大家如果都认为大数据就是很多数据，那么很快就会有公司（注意不是学校和老师）响应这种号召，在原来财务报表分析课程的基础上，整合近十年三四千家上市公司的财务报表，纵向分析，横向分析，同行分析……然后整合成一个平台——财务大数据分析平台，开始推销。不少学校领导和老师会想："这个也不错啊，改起来也挺简单，原来的老师也能轻松上手，买！"

其实这种以多取胜的策略是我们过去常见的"摊大饼"的思维在起作用，把大数据仅仅看作是数据大、数量多就多少有点偏离大数据的本质，犯了形式主义的错误。理由很明显，作为高职高专的财会类专业毕业生，几乎没有人能直接进入上市公司财务部，且能接触到这种级别的财务分析。就算是名校毕业生，能直接接触到这样级别的财务分析的人也属凤毛麟角。甚至更进一步讲，原来财务报表分析课程直接拿上市公司财务报表来讲，多少是有点不妥的。当然，这样做的老师和学校也振振有词："大多数公司的财务报表都属于公司核心机密，我们拿不到，上市公司财务报表可以公开获取，这也是没办法的事。"

既成事实的过往也许情有可原，但是未来这门课程的内容真的不能这样编排了。

还有的公司认为大数据就是一种技术，运用这个技术就是大数据财务分析，于是就要寻找一个大数据技术的载体。选来选去，Hadoop、HDFS、Mapreduce、Spark 感觉有点太难，主要是因为公司里懂的人也没几个，最后不得已感觉Python 很好用，就把 Pandas 和 Numpy 这两个 Python 里的库深挖了一下，准备和财务整合在一起，形成财务大数据分析的基本载体。

这个想法非常好，但是用计算机语言搞数据分析又要面临两个问题：

一是 Python 语言的学习问题；

二是用 Python 做财务数据分析的问题。

这样一分解，困难看起来就好解决了。因为可以解决第一个问题的书，市面上铺天盖地；第二个问题可以转化为用 Python 做数据分析的问题，我们只需要把其中的数据换成财务报表数据，就能完美解决。

所以我们目前看到的大数据财务分析教育教学平台，有一种就是 Python 语言贯穿始终，这就让这门课程看起来更像是计算机专业课。当然，这些培训公司害怕教师和学生学不会，不得不把课程分作两段，一段是 Python 基础编程语言的讲解，另一段是 Pandas 和 Numpy 库的运用。且不说一门课里塞的这两个东西学不学得会，单就这个平台最后的成果来看，也无非就是多了一张张好看的图表而已。起码在财务人员看来，没有那种让人眼前一亮的感觉。最近已经有一些声音在讲这个问题，比如有一篇文章名为《财会专业类改革不要妖魔化 Python》。

注意，这里的用词是"妖魔化"。

公司在推广平台的时候也是"费尽心机"。比如对于代码问题，苦口婆心地劝说财务人员只需修改和替换指定位置的代码即可。这样一下子就减轻了 Python 语言的学习成本。但是从财务人员的反馈来看，他们普遍觉得自己没有学会。财务人员都觉得自己学不会，课程就没法在学院里开设，平台的服务自然也难卖。当然，可能最根本的问题还是用 Python 写了大段的代码，在经历了千辛万苦之后，最终的结果并没有令人眼前一亮，没能让人有"这就是我们想要的财务大数据分析"的那种欢呼雀跃。

这种把大数据认知为一种新技术的人不在少数。他们似乎都有着这样的认知：觉得同样是一张财务报表，用 Python 做出来就是大数据财务分析，用 Excel 做出来就是传统财务报表分析。这很难令人信服。

1.2 财务中的大数据到底是什么

在整个财经商贸大类专业中，只要提起大数据，那说的就是 Python 了，这是目前大家普遍的认知。写成公式就是：

大数据技术 =Python

如果把大数据当做一种技术，那需要学的知识包括：Hadoop、HDFS、Mapreduce、Spark、云计算。

如果你认为大数据就是计算机编程技术，那就需要学Python。

如果你认为大数据是一种解决问题的全新方法，是用数据说话，那么需要掌握的就是从问题到数据和从数据到问题的思维方式，以及解决问题的具体方法。

我认为正确的理解应该是后一种，大数据是一种解决问题的全新方法。

那么，Python 在财经商贸大类专业中扮演什么角色？

我认为，Python 应该是财务计算机逻辑思维的基础课（这只是因为它碰巧流行，如果财务大数据改革发生在十年前，那基础课一定是 Java），是 RPA 的前导课。学编程不是我们财会类专业改革的初衷。

那么生活中有什么大数据应用呢？

2021 年 12 月我带队参加"一带一路"暨金砖国家技能发展与技术创新大赛数据分析与可视化技术应用技能竞赛的时候，和学生一起做了一个关于"年轻人为什么不结婚"的大数据分析，有理有据，抽丝剥茧地做了一个完整的案例。

或许通过我们自己具体做的案例，可以多少让读者明白一点大数据的应用层面的东西。这里我们就又引入了一个非常关键的问题，财务中有没有大数据？

严格意义上来讲，财务中没有真正意义的大数据。它的数据都是规范的、有限的，且来源单一的。单纯从财务数据来分析企业的经营有什么问题，是不符合大数据的思维方式和解决具体问题的方法的。至少从本书的定义来看，财务数据没有真正意义上的大数据。

1.3　财务大数据分析的一般过程

做财务大数据分析的首要原则就是要抛开财务报表来看财务。具体来说，就是不被已经做好的报表所束缚，把眼光放长远，把思路打开。

比如我们从财务报表中可以得到以下四个方面的信息。

1. 这是个什么样的企业——小、中、大？

2. 这是个什么类型的企业——第一、第二还是第三产业？

3. 这个企业所属的行业是什么？

4. 这个企业现在处于什么样的发展时期——初创期、高速增长期、成熟期，还是衰退期？

确定了这四类信息后，接下来分析和寻找数据的过程才有意义。

详细来说，就是应该先抛开财务大数据分析的具体数据，看一看整个行业在当前经济大环境下的整体发展趋势。比如房地产行业，无论一家房地产企业的财务指标多么好看，对这一行业前景的预期都不应该太乐观。

再比如说，对于超市零售行业，要先看看国内几家头部知名超市的几个关键指标，比如净利润率、毛利润率等，作出初步预判。接下来就要看超市行业的整体毛利润率、净利润率，在不同地域不同收入水平之下超市从业人员的平均薪资，超市与地方经济的契合程度，超市的不同分类（生鲜、日用品、生活以及各种细分领域的超市），等等。

一般来说，虽然无法直接获取这些头部公司具体的Excel数据表格，但可以从各大网站上的年、季度、半年回顾总结类文章中获取相关信息。这些文章通常提供了特定时间区间、超市零售业、特定细分品类甚至特定地域的平均经营和收益情况等数据。根据这些头部企业的相关数据，可以得出超市零售行业的相关数据。

得到行业相关数据之后，需要将要研究的特定企业的具体数据与行业整体的相关数据进行对比分析。通过这种对比分析，你可能会发现一些问题。

带着这些问题，再次回到数据本身，以确定该企业所处的发展时期、企业规模、内控和业务流程等方面是否存在问题。

要确定需要分析的公司属于什么行业，以及确定行业头部的几家代表性的关键公司，就需要从已获得的具体数据中找出一些蛛丝马迹，比如这个企业的规模，所处的发展时期，所属行业等信息。这就需要分析者具有非常高的分析观察和数据挖掘能力。

以上这些是我在财务大数据分析比赛中给学生提供的分析思路，比赛最终是为了给具体的企业提供可行性建议。如果是面对真实的企业，我们就需要进一步查看业务和管理的相关数据进行深入分析，以便给出更有针对性的经营和决策建议。

一般而言，前文所述的财务大数据分析的思路和方法是中规中矩和卓有成效的。当然，在分析过程中我们的知识结构需要更多元化一些，比如要有管理学的相关知识，要有零售行业的经营常识。如果有可能，可以找身边从事这个行业的朋友聊一聊。同时，还要有一些心理学与人际关系学的知识，了解企业的人员结构，才能给企业提出更好、更具体、更可执行的建议。

如果非要执着于财务指标，计算各种比率数据，其实就是舍本逐末了。做财务大数据分析的根本目的是改善企业盈利能力，通俗来说就是赚钱，凡是和赚钱无关的数据都尽量不要牵扯进来。财务报表不是这时候用的。其实随便问一个企业主，他都会跟你说，与财务报表比较起来，他们更看重现金日记账——这个更重要。

所以，有两个问题需要注意：一是财务报表并没有完全体现企业的真实运营情况，而且极可能因为其本身过于烦琐和全面，而导致管理者无法在短时间内抓到关键点；二是我们的财会课程在教学中对现金日记账的关注度还远远不够。

1.4　财务大数据分析的两个核心点

财务大数据分析能力的培养或者说课程建设，包括两个核心点：一是大数据思维的建立；二是进行所有大数据分析的根基——数据库的搭建。

有了这两个基础，后面才能进行抓取数据、分析数据、处理数据以及数据可视化等一系列操作。

分析和处理数据的时候，相信大家都接触过各种平台。它们无论包裹得多么严实，在进行分析时都要有数据处理的过程，术语叫 ETL，其后台都是数据库，而且还是和真正意义上的数据库贴合不是非常紧密的数据库。很多所谓的财务大数据分析平台，号称"大数据"，但是由于数据库水平和能力的低下，其实数据量是非常有限的，而且分析的方法也几乎等同于儿戏。

我们知道，从企业业务流中获取的数据，都是非常不完备的。这种不完备，体现在数据上就是不规范。

比如，招聘网站上员工月薪数据有的写"4~5k"，有的写"0.8~1.2万"，还有的写"3500~6000元"。实际上，这些数据的梳理并不像我们现在大多数教学平台所呈现的那样简单。此外，我们在网上找到的招聘信息中的月薪数据通常还包括其他信息，比如"城市|岗位|工作经验"这样的列，并且许多单位工资写的是"面议"。这些都是非常现实的具体情况，但是我们现在给学生展示的平台，各种财务大数据分析的流程并没有体现这种现实情况的复杂性。

在这种现实情况下，平台自带的ETL工具是否能够实现，以及是否按照严格的数据库标准流程处理数据，产生的结果可以说是天壤之别。

还有就是教学平台和商用平台割裂的问题。我们财务专业的学生在学校里学习财务大数据分析的时候，用的是教育公司自己开发的平台。学生在学校里用得非常熟练，但是到了实际工作中，面对实际数据的时候，就面临着没有工具可以使用的窘境。因为员工不可能要求公司去购买教育公司的平台，还有这个教学平台能不能达到企业级别的商务应用，仍未可知。这也是整个高职院校财务专业多年以来的积弊，因为过去我们只讲财务软件，所以面向"用友"和"金蝶"即可。尽管实际情况是，我们高职院校财务专业学生毕业之后，在小微企业从事的财务工作，也并不能用到以上两款工具，而是使用一些免费的记账软件，这些软件的具体使用方法在学校并没有讲授。

可行的解决方法是使用开放式平台，开放式工具，或者是学校直接购买市场上 To C 的产品，即面向应用的生产力工具。

当然我也注意到，社会上还存在一种声音，即免费的就是最贵的。这种判断有一定道理，只是面临着动辄几十万，甚至上百万的财务软件，这种零代码平台系统工具，即便是收费，其使用成本也是远低于传统财务软件平台的。

现在财务类软件平台公司的发展也有两个基本趋势，一个是财务软件平台公司正在不断地推陈出新，不断地把财务软件迁移到"云"上；另一个是定制化的云财务软件越来越多。定制化的云财务软件其实又分两类，一类是财务类软件平台公司给客户公司搭建一个从属于自身财务软件云平台的零代码系统平台，然后客户公司可以购买平台的使用权，定制开发自己的财务管理系统；另一类则是客户公司要求财务类软件平台公司定制财务管理软件系统。

这两种业务如果同时开展的话，第一种的收费起码应是第二种的几十分之一才合理。

总之，平台公司的角色权重会逐渐降低，教师的精力会逐渐回归课程本身，项目业务驱动型公司的服务和产品会回归职业院校的课程及课堂。

1.5　财务怎么和大数据结合

我认为在财务领域引进的大数据，是一种思维方式，是一种解决问题的方法。它可以定义为旨在分析、处理和提取来自极其复杂的大型数据集的信息，帮助企业更好地决策。而传统财务数据由于其自身的滞后性和财务软件本身的性能，导致财务软件根本无法处理这些信息。那么，财务中的大数据思维方式如何体现呢？

以我暑期去某公司调研的经历为例，讲解如下。

这是一家生产高档装修产品的公司。负责人介绍了公司的整体情况后，我上网搜索了该公司的公开信息。然后我提出了四个疑问："第一，公司在 2018 年、2019 年和 2020 年的净利润率分别是 7%、9% 和 15%，我有一点疑惑，2020 年发生了什么，公司业务发生了巨大变革，还是生产方式有了巨大改变，或者有什么新产品投入生产，为什么净利润率提升这么快？第二，在如今房地产行业整体不景气的大趋势下，该公司的高档装修产品的对标客户群体在哪里，有多大体量，公司有没有这方面的调研报告？第三，作为能实现显著室内外温差的高档装饰材料，比普通材料价格高 5~10 倍，消费者是否愿意为这个温差付费？第四，公司三年间在各地的代理店在逐步缓慢减少，三年内仅有一次的公开招聘启事显示，招聘的岗位数量为个位数，且绝大多数都是只招一个人，薪资待遇在当地算不上有吸引力，那么公司的生产经营能力会不会受到影响（结合第一个问题）？"

如果这些问题不能得到有说服力的回答，那么就没必要去看公司的财务报表了。这大约是财务大数据思维的一个切入点，它利用公开的信息，能在短时间内发现企业宏观经营策略和定位上的异常点。这对于大数据审计、财税大数据应用同样十分适用。

从上面的例子可以看出，财务中的大数据，更多的是和财务数据本身联系比较弱的，是那些以往被我们摒弃掉的，会牵扯到管理、经营、行业、业务和投融资，甚至政策等方方面面的数据。

如果我们分析一个企业的整体财务状况，需要这么多数据的话，那就是真正意义上的大数据了。

这样的例子还有很多。比如以前在小县城，税务人员为了弄清楚一家理发店年营业额到底有多少，往往会派驻一个专员去理发店蹲点一个月，把数据整合起来预估整年的营业额，作为纳税依据。而现在可能只需要看看这个理发店的水电数据，就能知道它经营情况的好坏。

想知道一个生产型企业的生产情况，在厂门口装个监控摄像头记录进出车辆数，再看生产用水、用电量就知道了。看报表就是为了验证这个结论，两者相背才会启动稽查，这就相对科学和简单了。如果只是盯着报表难免会费时费力，目标不明。当然，"金税四期"启动后，大数据税务稽查就更简单了。

找到了大数据和财务的契合点，下一步就应该寻找工具和改造课程，对标岗位就有了方向。首先第一个工具就是零代码工具（后面章节会详细介绍）。

1.6 如何培养数据思维或者"数商"

我认为，培养大数据思维，首先应该落实到培养数据思维，然后才能上升或进化到大数据思维。数据思维中最重要的就是要对数据用一整套理论体系、科学范式以及标准流程来分析处理。

而在数据思维的培养中，大家已经能够接受或者已经基本掌握的有数据清洗、数据处理、数据分析和数据可视化。但是我们在研究这个课题的时候发现了一个根本的症结，即你怎么知道解决你提出的问题，只要使用你提供的数据就可以？这是不是一个先开枪然后画上标靶的行为呢？这里的争议在于，数据分析的结果是不是标准化、统一化、固定化的解决方案。

答案显然肯定不是。

因此，在培养学生数据思维的研讨过程中，我们偏向认为应该从以下六个环节入手：

1. 提出问题；

2. 从问题到数据；

3. 寻找数据；

4. 处理和分析数据；

5. 数据呈现；

6. 从数据到问题。

这样解决问题和分析数据就形成了一个完整的闭环，解决问题的手段是分析数据，分析数据的目标是解决问题。这六个环节中最关键的是"从问题到数据"，也就是说，如何知道，要解决这个问题，到底应该需要哪些数据？

这个环节很难，我们先后花了两年时间，和好几位业内的老师经过多次努力，还是觉得不能达到令人满意的程度。后来我们意识到，可能没有一个标准的、统一的方法，或者说理论体系还没有形成，所以只能通过具体的案例来呈现。但是案例显然不具备普遍性，因此这部分内容教材的编写，最多只能起到引起学生重视和教师思考的作用。实际上，我认为这是整个数据思维培养过程中最为重要的一环。因为其他的环节至少我们都有章可循、有法可依。

把数据思维的培养和解决问题的方法结合起来，能够更加直观、更加有效地解决数据分析方法和工具有效落地的问题。同时也能够培养和提高大学生应用数据分析的方法和工具，解决实际问题的能力。

这个能力就是"数商"，是数据思维中的基本技能，也是学生数据思维能力中的关键能力。

如前文所述，有一次参加数据分析比赛，我们选了一个题目叫"年轻人为什么不结婚"。这是一个非常严肃的话题，对数据的要求也是非常高的。我们需要去我国的国家统计局、民政部门（图1-1），甚至去日本的总务省官网（图1-2）找数据。最后我们还对新中国成立以来的就业政策（图1-3）和人口出生率的关系做了一个梳理。

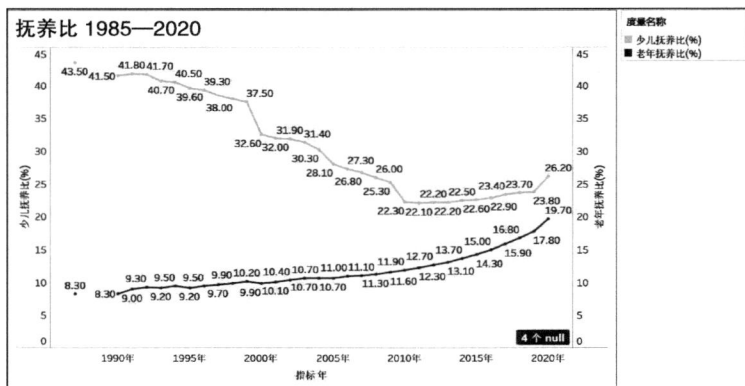

数据来源：国家统计局

图 1-1　1985—2020 年中国抚养比

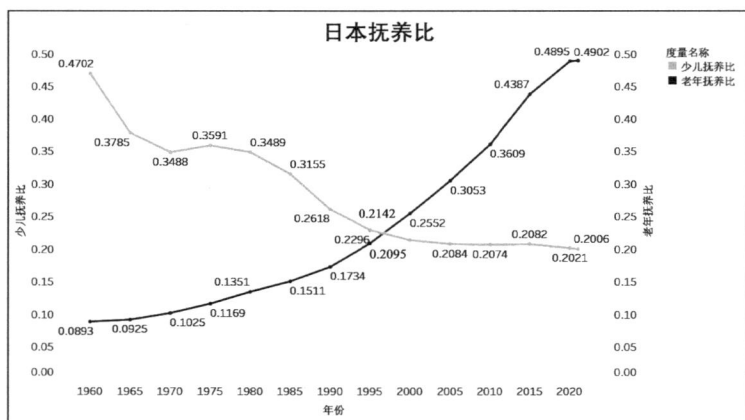

数据来源：日本总务省统计局

图 1-2　1960—2020 年日本抚养比

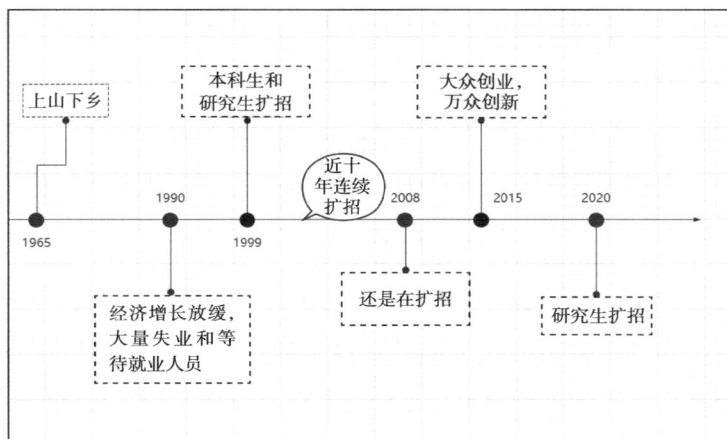

数据来源：根据互联网信息整理

图 1-3　新中国成立以来的就业政策

　　这个"从问题到数据"的解决问题的过程，是一个不断探索和试错的过程，是一个发现的过程，一路走来并没有标准答案。实际上我们以前有过无数次这样的没有标准答案的公共事件。

　　这个"从问题到数据"的过程，也锻炼了学生的数据思维能力，和开放思维、寻找万事万物关联关系的综合能力。

　　"寻找数据"这个环节有两个需要关注的影响因素。一个是随着互联网数据的价值被不断地挖掘，越来越多的人意识到数据的重要性，并开始保护自己的数据，即使在公开的网站上爬取数据也受到越来越多的限制和约束。因此，在当前阶段，使用爬虫方法和工具可能还可以在一定程度上绕过这些限制，但未来这种行为可能会变得更加困难，可能需要获得授权甚至购买相关许可才能进行数据爬取。因此，我认为一些相关教材中过度地讲授爬数据的方法，或者把注意力集中在爬数据上，是不合适的。

另一个重要的影响因素是网站在不停地变化，比如原来我去购物平台首页搜某商品，第一个页面就有商品的名称、单价和销售的具体数量，这个就非常有价值。但是现在你打开首页，大多只能看到商品名称和价格了，具体的销售数量不再呈现。我们的教材和课堂讲授有时是非常滞后的，所以学生会发现，教材、教学中讲的内容与现实情况经常会不一样。

财会类专业的学生必须知道的是，"我需要什么数据"，而不是"我怎么去获取这些数据"。否则就是本末倒置，事倍功半。

事实上，理想的模式是：先确定需要哪些数据，然后交代 IT 部门或者专业人士去寻找数据。

找到数据之后的分析和处理环节，目前工具和方法都十分成熟，这里就不再赘述。

数据呈现环节需要注意的是，作图是有目标性的，是为了解决问题、更好地呈现自己的发现、更好地表述给其他人。呈现数据不是创作艺术作品，不是在作画，不用过于讲究技法，甚至讲究颜料的产地和画笔的顺序。用 Python 作图和用拖拽式 BI 工具作图相比，前者做出来的图并不比后者价值更大。重要的不是作图的工具，而是作图的思路，重点在于最后能不能解决实际问题。倘若不能解决实际问题，再先进的工具都是没用的。

最后的"从数据到问题"环节，是数据思维培养中具有标志性意义的环节。只有掌握了这个技能，才意味着数据思维培养的成功。

这个环节有三个方面要考虑：

一是图表反映的问题要说清楚；

二是解决这个问题的方法要能落地；

三是对"人是如何做决策的"要有深刻理解。

从以上环节来看，知识体系的搭建就稍显复杂。用数据来解决问题的时候，我们要有明确的目标，解决"我们到底要什么"的问题。我们要有一个清晰的适用范围，即包括什么，排除什么。我们要有明确的视角，即是从谁的角度出发来分析和决策的。我们还要有明确的方案，确认自己有哪些可选的解决方案。

在解决问题时还要有跟踪和监管措施，明确有哪些"坑"需要规避。

人们做决策有两个特点，模式识别和情感标记。当然，这些知识偏向于社会学和人类学内容，财会类专业的学生了解即可。

1.7 数字化时代的变革与财务的关系

我国的数字化整体进程进展飞速，且迸发出前所未有的内在创新力量，在支付、物流、线上购物，甚至虚拟现实等方面都有了长足的进步与发展，目前微信和支付宝支付，现代化的物流体系，使得我们足不出户就可以实现完全的网络化生存。但是在整个社会飞速朝数字化迈进的过程中，企业的数字化却因为财务转型的迟滞而进展缓慢。

企业层面的数字化改造需要从资金流和业务流两方面进行。任何企业都要有现金日记账，这就是"资金流"。企业运营所需要的管理和经营的各种流程，这些统称为"业务流"。企业内控中的各个环节流转也可以理解为业务流，只不过这个业务是企业管理的各种流程。

目前资金流和业务流都有自己的 ERP 系统，但是这种系统长期以来形成的固定程式，已经严重妨碍了企业在大数据时代的经营发展。因此现在需要实现生产运营的数字化和经营管理的数字化。这两个数字化一来可以支持数字化生产决策，二来可以支持数字化管理决策。

因此零代码数字化系统和大数据分析工具就派上了用场。

现在市面上我们已知的零代码数字化平台，已经有几个能够处理类似"从合同开始，自动到财务凭证和报表"的产品了。我相信未来这样的趋势肯定会加速发展，也就是说传统财务 ERP 软件会退出历史舞台，取而代之的将是高度定制化的、业务财务和管理高度融合的企业数字化系统。

越来越多的传统财务岗位会被 RPA 工具替代，因为机器人会越来越智能。机器比人类更善于处理繁巨的规则，而且还会比人类更"公平"，这是未来社会发展的趋势和潮流。现在企业的财务出纳岗已经越来越少，所以在课堂里还讲出纳就多少有点奇怪，正如现在没有学校还在教珠算一样。

数字化是一种趋势，财务的数字化必须和业务以及管理的各种流程整合起来，才能更好地发现企业发展中的各种问题。未来企业数字化以后，财务就必须转变成给企业治"未病"的一个数字化工种。如果不能治"未病"，还像现在这样头疼医头、脚疼医脚，那么这样的员工在企业中将毫无竞争力可言，企业也不会聘用这样的员工。

第二章

财务大数据分析的表现形式
——用图表反映现实

图表是常用的数据视觉呈现形式，可以形象、直观地展示出数据蕴含的信息和规律，帮助用户进一步了解数据的意义。

2.1 图表中的现实

"透过现象看本质"就是在看待事件时，能够抓住事件背后的根本性运作逻辑，能够理解事件真正的前因后果，而不因其表象、无关要素、感性偏见等影响判断。这是一种非常重要的思维方式。拥有这种思维方式，就能够区分事实、观点、立场和信息这四个重要的概念，从而更好地理解事件的本质。

1.事实（Fact）

定义：事实是指客观存在的事物、现象或过程，它们不依赖于个人或集体的主观解释而存在。事实是可验证的，通常可以通过证据或数据来证明。事实，如同岩石般坚硬，是我们分析和决策的基石。

在数据的世界中，事实是那些可以被量化、记录和验证的数据点。它们是图表中那些冷冰冰的数字，是那些不会说谎的统计结果。当我们面对一个问题时，首先要做的就是收集事实。这些事实可能是销售数据、用户反馈、市场调研，或者是任何其他可以被客观衡量的信息。它们是我们分析的起点，也是我们决策的依据。

示例：地球绕太阳转是事实，因为它是基于天文学的观察和科学证据得出的结论。

特点：事实是客观存在的，不受个人观点或立场的影响。

2. 观点（Opinion）

定义：观点是基于个人或集体的主观判断和感受，形成的对事物、现象或问题的看法。观点通常包含个人的情感、价值观、信仰和经验。

在数据的世界中，观点是个人或集体对事实的主观解读。它是我们对数据的理解和解释，是我们如何将冰冷的数字转化为有意义的信息的过程。观点可能基于个人的直觉、经验或者是基于特定的理论框架。在数据的海洋中，观点就像是指南针，帮助我们确定方向。然而，观点也可能受到偏见和误解的影响，因此我们需要谨慎地对待它们，确保我们的解读是基于充分的证据和逻辑的。

示例：有人认为吃素对健康有益，这是一个观点，因为它是基于个人的信念和对健康的理解得来的。

特点：观点是主观的，它反映了个人或集体的偏好和看法，可能因人而异。

3. 立场（Stance）

定义：立场是个人或集体在特定问题上所持有的明确态度。立场通常涉及对某个问题的支持或反对，并且可能是基于一系列事实、观点和价值观形成的。在数据分析中，立场影响着我们选择哪些数据进行分析，以及如何解读这些数据。立场如同航海中的罗盘，指引着我们前进的方向。在面对复杂问题时，我们需要明确自己的立场，这将帮助我们更好地理解数据，做出符合我们价值观的决策。

示例：在环保问题上，某些人可能持有支持减少碳排放的立场，这表明了他们对环境保护的重视。

特点：立场是观点的一种，但它更强调在特定问题上的具体态度，而不仅仅是看法。

4. 信息（Information）

定义：信息是对事实、数据和知识的组织、处理和传递，它是经过加工、整理和传递的数据，旨在为决策提供支持。信息可以包括事实和观点，但关键在于它如何帮助接收者理解和应对现实世界的问题和挑战。在数据的海洋中，信息是我们的航图，它帮助我们理解数据背后的含义，指导我们如何航行。在分析问题时，我们需要将事实、观点和立场结合起来，形成有用的信息，以便更好地理解和解决问题。

示例：一份关于全球气候变化的科学报告提供了大量数据和分析，这些数据和分析构成了信息，帮助人们理解气候变化的现状和影响。

特点：信息是连接事实和观点的桥梁，它通过提供事实和数据来帮助人们形成基于证据的观点，而不是仅仅表达个人观点。

以上四者的区别如下。

（1）事实是客观存在的，不依赖于个人解释。

（2）观点是主观的，反映了个人或集体的看法和感受。

（3）立场是观点的一种，它涉及在特定问题上的明确态度。

（4）信息是被组织和传递的事实和数据，旨在帮助人们理解和决策，它可能包含事实和观点，但更注重事实的呈现和应用。

5. 直指本质的三个要点

在看待问题时，许多人往往是先有自己的观点，然后再去分析接收到的信息。很显然，这种做法不可能做到"透过现象看本质"。那么如何才能做到"透过现象看本质"呢？

一般而言，需要思考以下三个要点。

（1）事物的根本属性

每个事物都有其固有的本质属性，这些属性决定了事物的基本特征和行为模式。要理解一个事物，我们必须首先识别并理解这些根本属性。例如，在财务分析中，一个公司的盈利能力、偿债能力和成长潜力是其根本属性。只有深入理解这些属性，我们才能准确评估公司的健康状况和未来前景。

（2）问题的根源

问题的出现往往有其深层次的原因。在分析问题时，我们需要追溯到问题的根源，而不是仅仅停留在表面现象。例如，如果一个产品的销售额下降，我们不能仅仅看到销售数字的减少，而应该探究背后的原因，可能是市场需求变化、竞争对手的策略调整，或者是产品质量问题。只有找到问题的根源，我们才能有效地解决问题。

（3）信息背后的底层逻辑

在海量的信息中，隐藏着不变的规律和模式。这些底层逻辑是解决问题的关键。例如，金融市场的波动可能受到多种因素的影响，但经济学原理告诉我们，供求关系和市场心理是影响价格变动的根本逻辑。通过识别这些底层逻辑，我们可以更好地预测市场走势，做出明智的投资决策。

如果看不透事物的根本属性，就解决不了"为什么"和"怎么办"的问题。如果看不透问题的根源，就无法解决问题、解释问题和预测问题。如果看不透信息背后的底层逻辑，就无法找到同类问题的普遍根源。

在数据思维中，"从问题到数据"就是透过现象看本质的过程，是一个不断探索和理解的过程。它要求我们既要有严谨的科学精神，又要有敏锐的洞察力。我们需要学会如何在事实的基础上形成观点，如何在立场的指导下解读信息，最终达到透过现象看本质的目的。这样，我们才能在数据的海洋中找到正确的航线，抵达成功的彼岸。

2.2 让图表映进现实

"字不如表，表不如图"。图表可以直观呈现企业当前的业务状态并锁定问题，再基于发现的问题进行数据多维度展现，挖掘出数据背后隐藏的信息，从而帮助管理者做出正确的决策。

从图表分析实际问题的思路一般如下。

（1）从图表中寻找问题，发生了什么？——追溯过去，了解真相。

（2）从图表中挖掘原因，为什么发生？——洞察事物发生的本质，寻找根源。

（3）从问题中推演现实，未来可能发生什么？——掌握事物发展的规律，预测未来可能性。

（4）我们该怎么做？——基于已经知道的"发生了什么""为什么发生""未来可能发生什么"的分析，确定可以采取的措施。分析逻辑过程如图 2-1 所示。

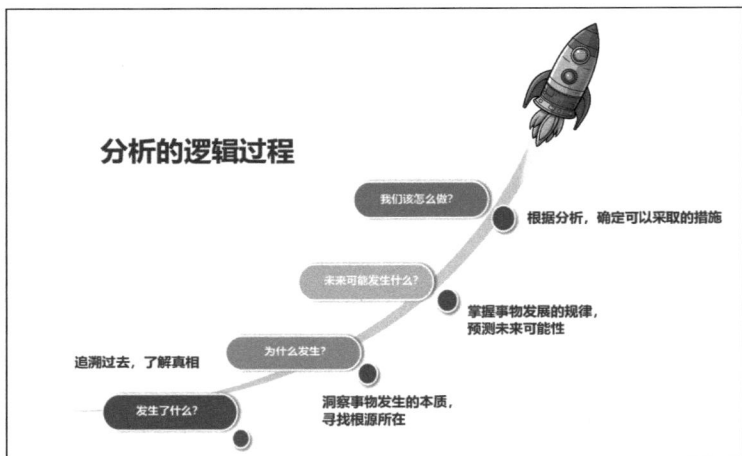

图 2-1 分析的逻辑过程

对于企业而言，做好数据分析可以让业务更加清晰，让决策更加高效；对于个人而言，分析当前面临的各种问题，可以从中寻找机会，做出更有利的决定。简单来说，能通过数据找到问题，准确定位问题，准确找到问题产生的原因，为下一步的改进找到机会点，就是所谓的数据驱动。

【例 2-1】某医药公司 2016—2022 年的客户数量年度变化趋势、新增/流失客户数年度变化趋势分别如图 2-2 和图 2-3 所示。2021 年和 2022 年流失客户类型分布如图 2-4 所示，2021 年和 2022 年流失客户层级分布如图 2-5 所示。从这 4 张图中，可以获取哪些信息呢？

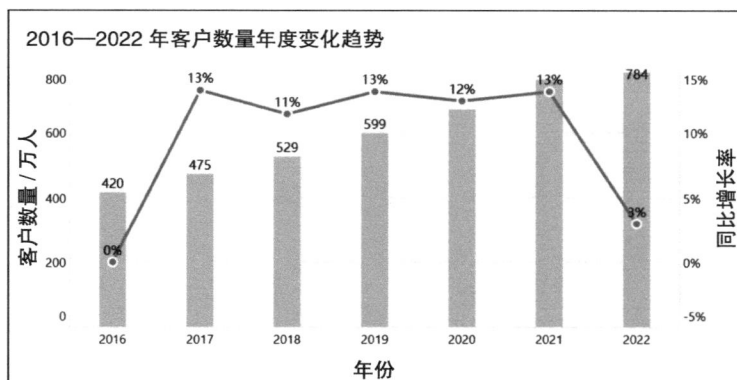

图 2-2　2016—2022 年客户数量年度变化趋势

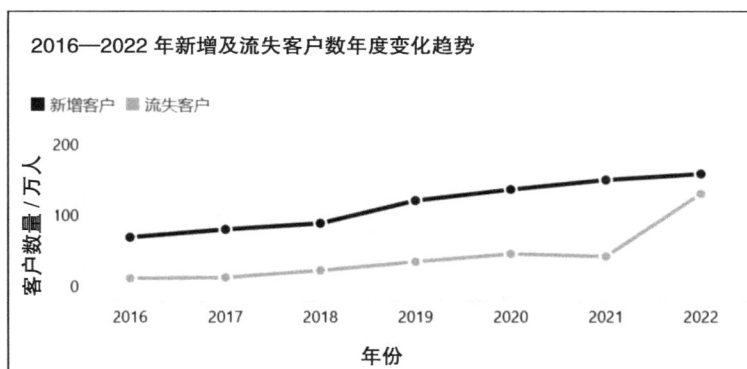

图 2-3　2016—2022 年新增及流失客户数年度变化趋势

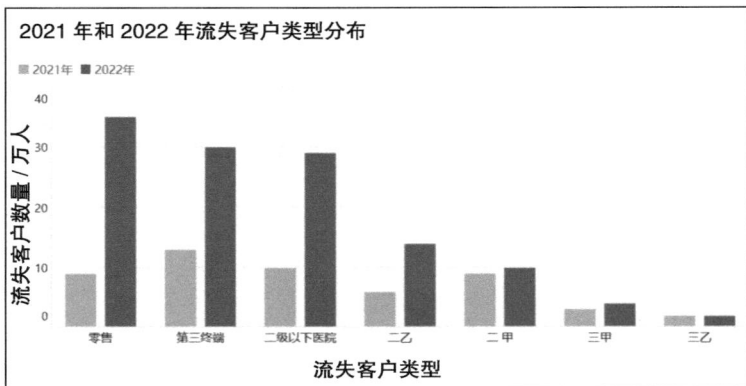

图 2-4　2021 年和 2022 年流失客户类型分布

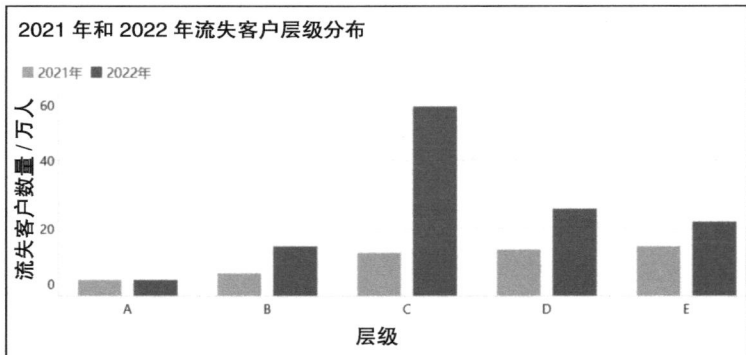

图 2-5　2021 年和 2022 年流失客户层级分布

【信息】

（1）从客户数量上看，2022 年客户数量同比增长仅 3%，远低于往年平均水平，主要是因为 2022 年的流失客户数过多，需要重点关注客户流失原因。

（2）从客户类型看，2022 年客户流失的类型多分布在零售、第三方终端、二级以下医院，这三类客户的流失数量大幅增加。

（3）从客户层级来看，2022 年流失的 C 类客户最多，且流失数量同比增长最大，B、D、E 类客户流失数量相比 2021 年也出现了较大涨幅。

【观点】

公司需要关注零售、第三方终端、二级以下医院这三类客户的流失情况，需要先重点解决 C 类客户的流失，在此基础上再解决 B、D、E 类客户的流失。

【例 2-2】接例 2-1。客户流失的原因是什么呢？图 2-6 所示为 2016—2022 年产品价格变化趋势，图 2-7 所示为 2021—2022 年销售人员流失情况。我们可以根据这些资料继续进行分析。

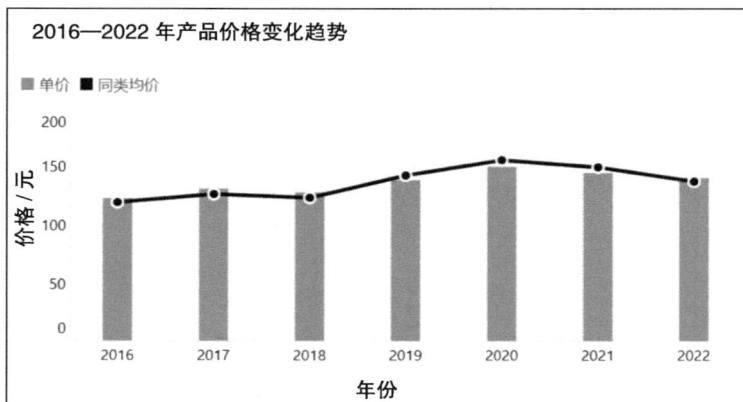

图 2-6　2016—2022 年产品价格变化趋势

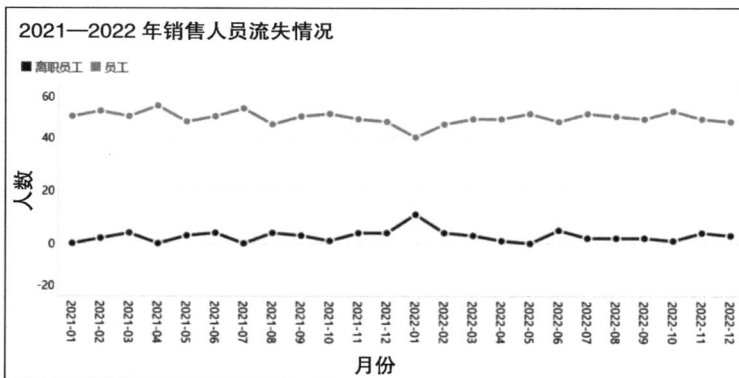

图 2-7　2021—2022 年销售人员流失情况

1 月离职员工的流失客户占 2022 年流失客户的比例

70.16%

图 2-7　2021—2022 年销售人员流失情况（续）

【信息】

（1）2022 年 1 月销售人员流失严重，员工数也是近两年最低。

（2）在 2022 年的流失客户中，有 70.16% 都是 1 月离职员工原来负责的客户，这是流失客户数量增长的主要原因。

【例 2-3】接例 2-2。接下来就到了关键的环节——客户是怎样流失的？仔细观察图 2-8、图 2-9 及图 2-10 分别所示的

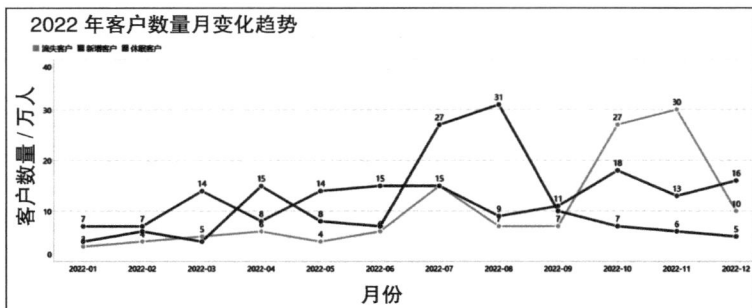

图 2-8　2022 年客户数量变化趋势

2022 年客户数量变化趋势、交接人明细和客户月拜访频次。

交接人明细表

离职员工姓名 ▼	离职前客户数量 ▼	交接人姓名 ▼	交接人工龄 ▼	交接人职级 ▼
任辉	29	刘振华	5	3
孙文昌	24	乔随	4	2
魏强	27	孙虎	2	2
魏守成	24	王蔚甜	2	2
周纬	19	王彦凯	3	2
朝中元	12	魏彦军	4	2
陈谋森	9	杨林栋	1	2
樊庆奇	12	张高洁	0	1
郭庆	5	张琦	0	1
贾传德	7	赵汉鼎	0	1
李波	9	周艳辉	0	1

共 11 条数据

图 2-9 交接人明细

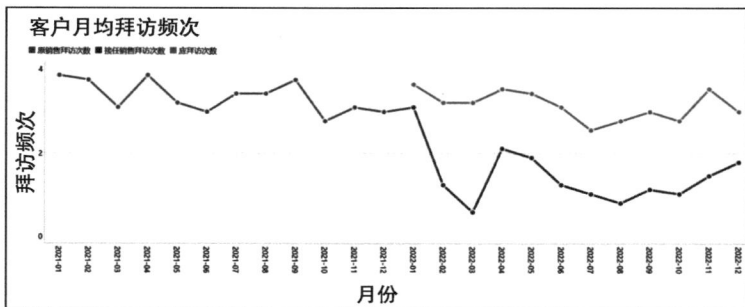

图 2-10 客户月均拜访频次

【信息】

（1）离职销售人员直接带走一小部分客户，但更多的客户是在原销售人员离职3个月后才逐渐流失的。

（2）销售人员离职时进行了交接，大部分客户都交接到了老员工手上，但是老员工对交接客户的关系维护不够重视，客户拜访频次下降，尤其是第一个月和第二个月客户拜访频次很低，导致了客户的流失。

（3）经线下调查，某公司销售部门出现大的人员变动，主要是因为销售经理A离职，带走一批员工；而接手的销售经理B存在管理缺陷，侧重于新客户的开发，忽视了这一批交接客户的维护，导致客户流失现象非常严重。

【结论】

公司应该加强离职员工交接后的客户维护工作，增加客户拜访频次，让客户重新与新的销售人员建立信任，从而减少客户流失。

2.3 我们如何读图

如何读懂财务大数据分析中的图表，关键点在于如何洞察数据。财务大数据分析有一个非常重要的环节就是做分析图表，图表作为一种直观的数据展示方式，能够帮助我们更好地理解数据和发现潜在的趋势。如何读懂财务大数据分析中的图表，以及如何从中提取有价值的信息，是我们做财务大数据分析的必备技能。要做到这一点，我认为应做好以下几点。

首先要了解图表类型。在财务大数据分析中，我们可能会遇到各种类型的图表，如柱状图、折线图、饼状图、散点图等。了解不同类型的图表及其适用场景，有助于我们更准确地解读图表所传达的信息。

（1）柱状图：适用于比较不同类别之间的数量或比例差异。例如，对比不同产品线的收入或各地区的销售额。

（2）折线图：适用于展示数据随时间变化的趋势。例如，展示公司季度收入或年度利润的变化情况。

（3）饼状图：适用于表示各部分占整体的比例关系。例如，展示公司收入来源的构成或各部门的支出占比。

（4）散点图：适用于展示两个变量之间的关系。例如，分析销售额与广告支出之间的关系。

其次要关注图表的关键元素。在阅读财务图表时，我们需要关注以下关键元素，以便更好地理解图表所传达的信息。

（1）标题：图表的标题应简洁明了，传达图表的主题和目的。

（2）坐标轴：横轴和纵轴分别表示什么变量？它们的单位和刻度是什么？

（3）数据系列：图表中包含哪些数据系列？它们代表什么含义？

（4）图例：图例可以帮助我们理解图表中的颜色、线型等代表的含义。

（5）数据标签：数据标签可以提供具体的数值，以便我们更准确地比较和分析。

再次要挖掘图表中反映的实际问题。在理解图表的基本元素之后，我们需要深入挖掘图表，以便为决策提供有价值的信息。以下是一些建议。

（1）寻找趋势：观察数据随时间的变化趋势，了解公司业绩的增长或下滑情况。

（2）比较差异：分析不同类别之间的差异，找出优势和劣势领域。

（3）发现异常值：关注图表中的异常值，分析其背后的原因，以便采取相应的措施。

（4）分析关联性：研究变量之间的关系，了解它们是如何相互影响的。

最后还要结合实际情境解读。在解读财务图表时，我们还需要结合实际情境，考虑市场环境、公司战略、行业动态等因素，以便更全面地理解图表背后的信息。此外，与团队成员或同事讨论图表的解读，可以帮助我们发现自己可能忽略的信息，提高分析的准确性。

总之，读懂财务大数据分析中的图表，需要我们了解图表类型，关注关键元素，挖掘图表中的信息，并结合实际情境进行分析。通过这些方法，我们可以更好地理解数据，为企业决策提供有价值的信息。

2.4　从图表到决策

一般而言，在财务大数据分析中，人们从读图到形成印象，再到做出经营决策的一般流程和规律可以分为以下几个阶段。

（1）感知：在这个阶段，人们通过感官（如视觉、听觉等）接收外部环境中的信息。这些信息被称为刺激，它们是人们形成印象和做出决策的基础。财务大数据分析师通过各种数据可视化工具（如图表、仪表板等）接收财务和业务数据。这些数据被称为刺激，它们是分析师形成印象和做出决策的基础。

（2）注意：由于外部环境中的信息繁多，人们需要筛选出与当前任务或目标相关的信息。注意力的分配决定了哪些信息会被进一步处理，哪些信息会被忽略。财务数据也是如此，分析师需要筛选出与当前任务或目标相关的信息，确保把有限的注意力分配到关键数据上，才能更专注、更有效地解决实际问题。

（3）编码：在这个阶段，大脑对筛选出的信息进行加工，将其转化为可以存储和理解的心理表征。编码过程可能包括对信息的分类、归纳和解释等。在财务大数据分析中，编码阶段同样重要。通过对数据的编码，分析师可以形成对财务数据的印象和认知，从而为做出决策提供依据。

（4）存储：编码后的信息被存储在大脑中，以备后期的回忆和提取。这些信息可能包括财务数据的各种指标、趋势、异常值等。通过存储这些信息，分析师可以更好地理解和记忆财务数据的特点，从而做出更准确的决策。

（5）提取：当需要使用这些信息时，分析师会从大脑中提取相关信息。这些信息可能包括财务数据的特定指标、趋势、异常值等，以及其他与决策相关的信息。通过对这些信息的提取，分析师可以更好地理解当前的情况，并做出相应的决策。

（6）决策：基于以上阶段的信息处理和分析，分析师可以做出相应的决策。这些决策可能包括对财务数据的解读、解释和预测等。通过综合运用各种策略和技术，分析师可以做出更准确、更明智的决策，从而为企业或组织的经营和发展提供有力的支持。

（7）行动与反馈：根据所做的决策，人们采取相应的行动。行动的结果会以反馈的形式返回给个体，这些反馈信息将进一步影响个体的认知、记忆和决策过程。

整个流程是一个动态、循环的过程，各个阶段相互影响、相互作用。然而在实际工作中，面对同样的数据，不同的决策者可能会做出不同的决策。这就给我们的财务大数据分析中的决策带来了挑战和机遇。

挑战包括以下几项。

（1）主观因素影响：在财务大数据分析过程中，决策者的个人经验、认知偏误和风险偏好等因素可能影响其对数据的解读和分析。这可能导致在相同的数据背景下，不同的决策者得出不同的结论和建议。比如我的立场和你的立场不同，那么做决策时我们就会有不一样的选择。

（2）信息过载：在大数据时代，企业面临的财务数据量呈现爆炸式增长。过多的信息可能让决策者难以分辨哪些数据是关键性的，从而影响其决策效果。一般而言，生活中我们所涉猎的信息也符合"二八定律"，即我们获取的绝大多数信息都是无效信息。因此，如何在海量数据中甄别关键数据就变得至关重要。

（3）团队协作困难：在一个多元化的分析团队中，成员可能具有不同的专业背景和观点。这可能导致团队成员在分析和讨论过程中产生分歧，降低决策效率。

机遇包括以下几项。

（1）多角度思考：不同的决策者可以从不同的角度对财务数据进行分析，这有助于企业发现更多潜在的市场机会和风险。多元化的观点可以提高企业决策的全面性和准确性。

（2）创新思维：财务大数据分析中的决策多样性有助于激发创新思维。不同的分析师可能会提出独特的见解和解决方案，从而推动企业在竞争中保持领先地位。

（3）灵活性和适应性：在不断变化的市场环境中，企业需要具备快速调整和应对的能力。决策多样性使企业能够根据不同情况制定灵活的策略，提高企业的适应性。

为了充分利用财务大数据分析中的决策多样性带来的机遇，同时应对相关挑战，企业可以采取以下措施。

（1）建立有效的沟通机制：鼓励团队成员之间的沟通与交流，以便更好地理解彼此的观点和分析方法。这有助于提高团队协作效率，减少决策过程中的分歧。

（2）提高数据分析技能：定期为决策者提供培训和指

导，帮助他们提高数据分析技能，更好地应对信息过载的挑战。

（3）设定明确的决策标准：为决策过程设定明确的标准和流程，确保在多样性的基础上，企业能够做出更加合理和有效的决策。

（4）强化数据治理：建立完善的数据治理体系，确保财务数据的质量和准确性，为决策者提供可靠的数据支持。

总之，财务大数据分析中的决策多样性既带来了挑战，也创造了机遇。企业应认识到这一现象的重要性，并采取相应措施，以便在激烈的市场竞争中保持领先地位。通过建立有效的沟通机制、提高数据分析技能、设定明确的决策标准和强化数据治理，企业可以充分利用决策多样性的优势，实现更好的决策效果。

2.5　如何寻找关键数据

在海量信息中甄别关键信息是一项重要的技能，可以帮助我们更快地找到有价值的数据，提高工作效率和决策质量。笔者认为，在海量信息中甄别关键信息，需要多从以下五个方面进行尝试。

（1）确定目标和需求：在开始搜索信息和查找数据之前，要明确自己的目标和需求。这将帮助你专注于与目标相关的关键信息，避免在无关信息中浪费时间。例如，如果你正在研究某个行业的市场趋势，那么你应该关注与该行业相关的新闻、报告和数据。又比如制药公司希望了解新药研发的最新进展，他们可以通过关注行业期刊、专利数据库和专业会议，快速找到关键信息。

（2）使用关键词和筛选工具：在搜索引擎和数据库中使用关键词进行搜索，可以帮助你快速定位到相关的关键信息。同时，利用筛选工具（如日期范围、作者、领域等）可以进一步优化搜索结果。例如投资者想要了解某公司的财务状况，他可以在财经新闻网站和股票交易平台上，使用公司名称、财务报表和证券分析师评级等关键词进行搜索，并利用筛选工具找到时间最近的和最相关的信息。

（3）评估信息来源的可靠性：在海量信息中，并非所有信息都是可靠的。因此，在甄别关键信息时，要关注信息来源的可靠性。选择权威、专业和经过同行评议的来源，可以提高信息的质量。例如证券研究员需要撰写一篇关于气候变化的论文，那么他应该引用来自权威科学期刊、政府报告和国际组织的数据，以确保引用的信息具有较高的可靠性。

（4）学会快速阅读和扫读技巧：在面对大量文本信息

时，学会快速阅读和扫读技巧可以帮助你迅速找到关键信息。快速阅读关注的是文章的主要观点，而扫读则关注具体的数据和细节。比如市场分析师需要阅读一份关于竞争对手的报告，通过快速阅读，他可以迅速了解报告的主要观点；而通过扫读，他可以找到具体的数据和细节，以便进行深入分析。

（5）整理和归纳信息：在收集到关键信息后，对其进行整理和归纳，以便更好地理解和分析。这可以通过制作图表、编写摘要或创建思维导图等方式实现。例如，如果项目经理需要收集团队成员的工作进度报告，那么他可以将这些信息整理成甘特图，以便直观地了解项目的整体进度和关键节点。

我们在做财务大数据分析时也是如此，首先要在海量信息中甄别关键信息需要明确目标，实际情况中往往会关注容易获取的数据，从而导致偏离需要分析的目标。其次要使用有效的搜索策略，实际分析中我们很多人使用的搜索工具和策略往往噪点很大，导致搜索到的结果不准确；再次要关注信息来源的可靠性，最好以官方权威网站的数据为准，自己爬取的数据可以作为参考对照使用；最后我认为还要更多地关注常识。做到了以上四点，我们就可以更高效地从海量信息中提取有价值的关键信息。至于阅读信息和整理归纳信息的能力，则因人而异，因事而异。

第三章

零代码工具

3.1　为什么需要学零代码工具

要回答这个问题首先要回答"什么是零代码系统"以及
"市场为什么需要零代码系统"。

大数据时代信息快速传播，经济周期缩短，市场变化越
来越快。企业为了适应这种变化，业务调整速度也要加快，
这就要求企业的信息系统一定要紧跟业务的快速变化需求。
反观传统的信息系统开发，最短都要半年以上。很可能等系
统开发好，市场的机会都已经消失了。一方面，我们必须快
速开发能适应企业业务变化的信息系统；另一方面，传统开
发模式也有着严重滞后和高成本的缺点。面对这种局面，零
代码系统开发工具应运而生。

"零代码"，顾名思义就是代码很少，系统开发所需的代
码量很低。换句话说，开发系统对开发者的代码能力要求降
低了。"零代码开发"指的是一种用于快速设计和开发软件

系统，且手写代码量最少的方法，它可以帮助使用者更快、更可靠地进行开发。通过在可视化设计器中，以拖拽的方式快速构建应用程序，使用者可以跳过基础架构以及可能会让自己陷入困境的技术细节，直接进入与业务需求紧密相关的工作。

需要指出的是，零代码系统虽然对代码的需求不高，但是对逻辑方面的专业知识和能力的需求一点也没有降低，甚至还稳中有升。因为这需要开发者构建宏观框架的能力更强，统筹各个功能模块之间的逻辑关系更细致。

从严格意义上讲，RPA就是一种最常见的零代码系统开发工具。

而市场为什么需要零代码系统？我想从以下四个主要方面来讲述原因。由于本书都是和未来财务相关的，所以主要罗列的是和未来企业对财务需求相关的原因。

一是购买信息系统项目投入高，失败率高。具体原因前文提到过，信息系统开发投入大、开发周期长，不能适应现在迅速变化的市场环境，很容易出现部署即过时的问题。

二是企业中缺乏既懂业务又懂技术的研发人员。这直接导致企业的真实需求成谜，流程混乱不堪，系统经常上线即修改、不修改无法使用，项目也存在失败的风险。

三是沟通问题成为企业发展难以逾越的瓶颈。IT部门缺乏业务经验，财务部门和IT部门沟通困难，业务跟财务"水火不容"。

四是业务转型调整时期，信息系统因无法及时适应新业务需求而基本失灵。此时企业经营基本进入盲人骑瞎马状态。

大型头部企业不需要零代码系统，因为它们财力雄厚，信息系统全靠定制开发。小微企业没有资金进行信息系统建设。中型企业有实力购买信息系统，但购买的信息系统不能完全适应本身业务需求。可以看出，市场中对零代码系统开发的需求，基本上来自中小微企业。而中小微企业正是大多数高职院校财务专业学生就业的对标企业群体。

再延展一些来说，现在的财务软件系统集成商，未来可能面临着转型的风险。根本原因还是现有的系统无法完全契合千差万别的企业需求，而逐个进行定制开发的成本，集成商和企业都无法承担，最终只能向零代码系统过渡转型。

3.2　财务为什么需要零代码系统

如今财务人员每天加班整理各种数据已成常态。上级需要一个数据，财务人员就要去翻找，但是现有的系统又不能提供上级需要的数据，所以不得不加班整理。实际上，现在企业的财务人员仅做到了为数据分析提供数据层面的工作，究其根本还是因为信息系统不是为业务、经营和内控搭建的。零代码系统开发正好可以解决这一矛盾。

管理会计和财务管理给企业经营提供了很多好的思路和方法，但是目前没有一个工具能将这个优秀的理论落地实践。零代码系统的出现正好弥补了这个缺陷。

正是由于现在的财务学科没能把经典知识落地，从而导致每次出现新的技术，首先都是对财务领域产生一定的冲击。这一方面说明财务本身的知识技能体系具备一定的可替代性，另一方面说明我们还没有让财务那些不可替代的核心方法论落到实务中。

那么，必须由财务人员来学零代码系统开发吗？

有些财务人员认为自己不需要学习零代码系统开发，认为"只要别人学会了，我来使用就行了"。现在大部分企业的现状也正是这样：IT 部门懂代码，财务部门懂流程，但二者并没有很好地结合。

所以我的结论是：财务人员不但必须学，而且还要尽快学习零代码系统开发。

"零代码"（No-Code）这个概念是弗雷斯特市场咨询公司（Forrester Research Inc.）在 2014 年由名为泰德·科德

（Ted Codd）的分析师提出的，它指那些用可视化方式创建应用的方法，特点是代码量比传统开发方法少得多，甚至无代码，所以能提高开发效率。

对于高职院校乃至本科院校的财会类专业来说，引入零代码系统开发课程的主要目的在于解决企业财务、业务、管理乃至经营相关的场景应用问题，是一种技术赋能企业（尤其是小微企业）数字化转型的重要力量。

如果对场景的应用流程和业务环节了解清楚，使用者就能快速利用拖拽和少量代码的方式，完成应用场景的搭建。共青团中央曾表彰过一个花半小时用简道云搭建防疫物资领用系统（如图 3-1 所示）的高中生，说他学以致用，造福于民。

这就是零代码工具的过人之处：简单、易学、见效快。

当然，前提是使用者要对业务的关键节点、流程的走向很清楚。

3.3 财务人员怎么学零代码——路径和方法

要学习零代码系统开发，首先要解决两个问题：企业里的零代码系统搭建以财务为主，还是业务为主？系统服务于

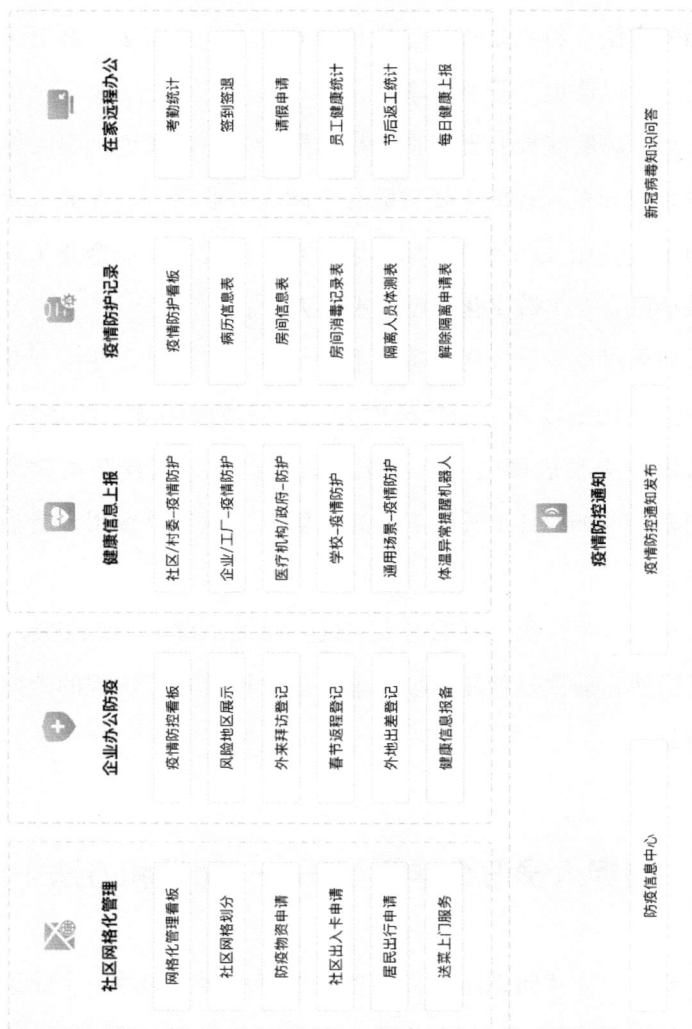

图 3-1 用简道云开发的疫情防控综合解决方案模板

公司管理层，还是服务于业务人员？

这两个问题是有倾向性的提问。我们以前计划经济时代建立的财务体系，在信息时代没有发生什么实质性的变化。我们从纸质记账到会计电算化，现在叫会计信息系统，只是去掉了珠算和点钞这样的技能。依据我走访的企业和高校财会类专业课程来看，业财融合大多做得并不好，大部分财务人员都觉得业务和自己没有关系。那为什么业财没有融合，财务也安然度过了中国二十年高速发展期呢？那是因为这是用二十年来财务在企业中重要性不断下降换来的。

大数据时代来临之后，财务面临着和当初从纸质账到电算化转变时一样的选择。如今，还是有一些人在质问："凭什么大数据这样的新技术又想拿我们财务开刀？机器人又想替代我们会计岗位？"实际上，现在出纳岗位已经名存实亡了。相比于质问"为什么新技术总想替代我们"，更好的问题似乎应该是"为什么新技术总是会拿我们开刀"。

我去企业调研时发现，一般 500 人左右的中型企业，财务部门也就只有 3 个人。一个人负责业务、财务、经营和管理的相关数据搜集、整理，一个人负责分析呈现，还有一个人负责经营决策、战略决策。财务岗位在不断减少。

综上所述，财务人员必须从业务和流程着手，学习零代码系统开发，才能不被社会淘汰。现在市面上的零代码平台工具，如简道云、百数、明道云、快表、伙伴云、云表、魔方网表、勤哲、活字格等框架化、组件化和流程化的开发工具都已经非常成熟，并在众多企业进行了部署。由于其整个开发过程价格低廉、十分敏捷，所以成了超市等零售连锁企业，以及生产型企业的"新宠"。值得注意的是，金蝶这样的财务系统开发商，目前也以"云苍穹"这样的产品，进入了零代码赛道。

我们可以从基础表单的收集学起。我们工作和生活中经常用到的信息收集行为，目前是有共同编写表格的，但缺点就是大家互相能看到彼此的信息，并且不小心还能把别人填写的信息修改掉。而零代码系统则没有这个问题，只需要一个二维码，大家手机扫码即可填写。人们各自填写自己的信息，互相看不到，保障了数据安全。

原来我们共同编辑的表格还需要自行导出，自始至终都是一张表。而零代码系统甚至可以根据填写内容的不同，分别生成不同的表单供使用者导出。

接下来，我们可以学习流程表单。流程表单的应用场景非常多，小到班费的管理系统、医疗耗材领用系统、班级行为积分管控系统、请假流程审批、合同签订审批等，大到复杂业务流程、生产流程、审批环节等众多的流程。

流程表单甚至可以对原先无法考核的内容进行反馈，比如对审批人员的工作态度评价。表单流转到审批人员这里，他审批的时长就能侧面反映他的工作态度。而这些数据以前是无法统计的，有了零代码系统，这些功能数据都是自动生成的。实际上，使用者在系统上的每一个动作都会被如实记录。

第三步就可以开始整理复杂的系统搭建了。比如进销存系统搭建和企业的人财物管理系统。财务人员完全可以通过短期的培训，迅速掌握搭建完全贴合自己企业的信息系统。

至于该选哪一款零代码工具，要看读者个人的喜好，或是以教学和使用的方便为原则。我们在《财务大数据分析》教材里，使用的帮助企业数字化转型的零代码工具是简道云。在即将出版的《会计信息系统》和《业财信息系统应用》教材中使用的是明道云。

第四章

用 RPA 做财务大数据分析

4.1　RPA 工具是什么？

1. RPA 的概念和定义

RPA（机器人流程自动化）可以被定义为一种技术，它通过使用软件机器人来处理和自动执行规范化的业务流程。这些机器人可以模拟和自动化人类操作，可以在各种应用程序和系统中执行重复、烦琐的任务，如数据输入、计算、转换和整理。RPA 的目标是减少人工操作，并提供快速、高效、准确的结果，提高效率、准确性和一致性。

2. RPA 的背景和历史起源

RPA 作为一种技术和方法论的概念，始于 21 世纪最初的十年间。起初，RPA 主要是通过屏幕抓取和宏命令来实现的，用于模拟键盘和鼠标操作。随着技术的发展和机器学习的引入，RPA 已经发展成为一种更加智能化、可编程和可扩展的方法。目前，RPA 常常与人工智能、自然语言处理和机器学习等技术结合使用，以实现更加复杂的任务自动化。

3. RPA 在财务大数据分析领域的应用

RPA 在财务大数据分析领域具有广泛的应用，包括但不限于以下几个方面。

（1）数据提取和整理：RPA 可以自动从不同系统和数据源中提取财务数据，并进行整理、清洗和转换。它可以从电子表格、财务软件、数据库中提取数据，并自动处理格式、缺失值和错误数据，以准备进行后续的分析和报告。

（2）财务指标计算：RPA 可以自动进行财务指标的计算，如利润率、资产负债率、现金流量等。它可以从财务报表中提取必要的数据，并根据预定义的公式和规则进行计算，得出准确的财务指标值。

（3）预测和趋势分析：RPA 可以利用财务大数据进行趋势分析和预测模型建立。它可以通过分析历史财务数据，应用统计和机器学习算法，预测未来的趋势和模式（目前很多RPA 还没有达到这样的高度，这是未来的趋势），并生成相应的报告和可视化图表。

（4）财务报告和分析：RPA 可以自动化生成各种类型的

财务报告和分析结果。它可以根据设定的规则和模板，从财务数据中提取必要的信息，并生成标准化的报表和图表，以支持决策制定和业务分析。

（5）合规性与审计支持：RPA 可以自动进行合规性检查和审计支持。它可以检查财务数据是否符合相关法规和规定，自动追踪和记录数据处理的操作，并生成相应的审计报告和追溯信息，以满足合规性和审计要求。

总而言之，RPA 在财务大数据分析领域的应用包括数据提取与整理、财务指标计算、预测与趋势分析、财务报告与分析，以及合规性与审计支持。它提供了高效、准确、可靠的自动化解决方案，帮助企业更好地理解和管理财务数据，支持决策制定和业务发展。

4.2　智能财务还是流程自动化财务

财会类专业一说到引入大数据、人工智能、云计算、移动互联网、物联网等新课程，总是喜欢在原有的课程前面加上"智能"二字，这样既省事又方便。但"智能"这两个字里怎么装具体的内容，很多人的理解还很片面。

现在，我们确实做到了流程自动化。

原先，财务人员要从自己的 ERP 系统里把需要的数据整理出来，和客户或者银行系统里的数据进行对比。这种事不但烦琐而且耗费时间。现在有流程自动化机器人，几小时可以整理完原来财务人员一星期要干的工作，很多人便觉得这就是"智能"。

可是我认为，这应该叫"流程自动化"。

智能财务的应用场景，有人说是财务共享中心，有人说是数据中台，还有人说是业财融合新形态。但是不管是什么，都还距离真正的"智能"太过遥远。

智能会计是什么样的呢？是无人财务。

关于智能财务的具体应用，我咨询了多个业界一线的实干家。大家纷纷表示说，没见过智能财务的应用场景。

现在我们生活中智能化的场景很多：自动驾驶，各种 AI 机器人，智能语音对话的玩伴，等等。但是在财务领域的智能应用，目前还几乎为零。

4.3 "数据＋算法＝结果"：数字员工取代 RPA 的未来之路

在如今的"财务＋大数据"时代，各种技术飞速发展，也许我们不少学校还没有接受或者使用 AI，但是我们已经坦然接受了 RPA 和 Python 在财务中的应用。未来"财务 + 大数据"的路该怎么走？新技术会怎样影响行业和领域的变化？在目之所及的未来，金融和证券领域已经有日臻成熟的数字员工进入视野。随着数字员工的崛起和应用领域的不断拓展，RPA 已经开始感受到了竞争的压力，未来的赛道似乎有了新的领跑者。

"数据+算法＝结果"，这个简练公式揭示了未来的趋势。数字员工将通过挖掘大数据和应用先进的算法来取代 RPA。

举例来说，假设一家制造企业的财务部门，有一个庞大的 ERP 系统帮助他们管理订单、库存、销售数据等方方面面。RPA 加入后，自动化执行了这些重复性的任务，如数据输入、文件整理和报表生成。然而，未来数字员工将在数据湖中捕捉来自销售、生产和供应链等各个环节的数据。然后，它们将利用**机器学习和深度学习**算法，挖掘潜在的模式和关联，为企业带来全新的见解。当然，初阶的算法可能仍是一堆规则的堆砌和罗列，但是随着未来 AI 和机器学习的介入，新技术会从量到质提升整个算法的适配性和稳健性。

以供应链为例，数字员工可以利用历史数据和市场趋势进行预测，帮助企业优化库存管理，减少物流成本。通过数据和算法，它们可以识别高销售风险产品，制定更精准的促销策略。同时，数字员工还能够分析供应商绩效，帮助企业优化采购流程。

更重要的是，数字员工不只局限于执行和分析任务，它们还拥有创造力和直觉。与 RPA 相比，它们能够更好地理解业务需求，并提供创新的解决方案。例如，在财务部门，数字员工可以整合财务数据与市场趋势、竞争对手信息等外部数据进行深度分析，为企业提供战略建议，帮助制定更明智的决策。

不过，这并不意味着 RPA 会被完全淘汰，它仍然在处理重复性、烦琐的任务方面有着独特的优势。然而，在未来，我们将看到数字员工成为主导角色。它们将通过数据驱动的洞察力和智能算法，为企业带来更准确、高效和创新的业务价值。

总结起来，RPA 是过去的巨人，它在自动化任务方面做出了巨大贡献。然而，未来的领导者是数字员工，它们通过数据和算法的力量，将带来更有深度、创新的业务分析和决策支持。因此，ERP 系统中的 RPA 将逐渐被数字员工取代，"数据＋算法"将成为推动企业成功的关键公式。

第五章

Python 与财务大数据分析

5.1 Python 有没有被"妖魔化"

最近财会类专业圈子里已经出现了不少"不要妖魔化 Python"的论调。对此观点我是认同的。我出版过一本《Python 财务基础》的教材，在教材发布之日我就公开讲过，教材的定位是把 Python 作为一种财会类专业学生学习计算机逻辑思维的工具。书的口号是"打通 IT 与财务的最后一公里"，我们书里要求学生必须掌握的，除了计算机的逻辑思维方式，还有 RAPTOR 这样的工具，至于 Python 编辑器则用的是最简单、最容易上手的 Thonny，而且要求学生掌握的程序绝大多数都不超过 6 行代码。

所有这些其实都在说明，这是一个新专业建设逻辑维度的基础课程，不以掌握 Python 语言编程技术为目标，而是通过计算机逻辑、判断与循环，以及数据类型等知识点的学习，为后续开发 RPA 财务机器人奠定基础。

"Python 财务基础"和"RPA 财务机器人"两门课程有着严格的前后顺序。

这也许能从另一个方面解释我为什么认同"不要妖魔化 Python"的论调。

现在很多学校，不顾学生的接受能力，一味推 Python，一定要让学生掌握 Pandas、Numpy 的应用，其目标就是为了处理和分析数据。实际上，以我对 Python 的认知，如果真的能完全掌握 Python，那 RPA 的课程就不用开了，因为 Python 就可以做机器人，各种 BI 工具的可视化课程也不用开了，因为 Python 也可以做分析图表。而能够完全掌握 Python 的学生，基本上也不会关注财务岗位，他会有更多、更广泛的选择。

另一个极端就是，学生认为不用学 Python，只学好 Excel 就行。实际上就现在的财务应用来讲，Excel 是够用了。我的意思是，仅仅在当今时代够用，但我们培养的是未来的财会人员。在未来大数据时代的各种应用中，Excel 如果作为大数据处理的工具，就多少有些儿戏。财务的大数据处理，未来一定是要和 IT 部门深度合作的，如果彼此始终抱着隔行如隔山，彼此互不了解的态度的话，这项工作一定推进不下去。更何况未来这两个岗位还极有可能会合二为一，很多企业现在也已经有了数字员工。

　　总之，财会类学生对 Python 不需要完全掌握，又不能完全不了解。在工业化信息时代分工协作的今天，我认为了解即可，要是太过认真，反而会耽误或者挤压新技术迭代的时间。更何况会计准则的数字化时代也很快会来临，届时会计准则的可操作空间、会计的可寻租空间被极大压缩，一切都会变成标准化流程，那时就没必要也不需要了解原理了。正如现在学生已经不再需要学习珠算以及珠算原理，也不再搞手工账技能大赛一样。

　　我认为，财会人员的知识结构和逻辑理念需要更新迭代。而 Python 作为时代的逻辑流程标兵，在少儿 Python 训练班已经日趋普及的今天，很有必要也非常紧迫地需要财会人员学习了。至于学习的程度，就是以理解计算机的逻辑思维方式为基本要求。如果能够文理兼修，学好编程，那就可以成为大数据时代最为稀缺的融合型人才。如果不能完全掌握编程，那么能够和 IT 部门进行很好的需求沟通，彼此尊重各自的逻辑思维方式，求同存异，共同进步，也是可行的。

　　Python 有必要作为 RPA 课程的前导课程。其实，要"打通 IT 和财务的最后一公里"，Python、Java 和 C++ 都是可以的，只不过 Python 最简单，最容易上手。

　　综上所述，如果认为财务人员必须掌握 Python 编程及数据处理，甚至一定要会用 Python 做财务机器人，那么一定是"妖魔化"Python 了。而仅仅认为财务人员必须掌握Python 的编程逻辑及逻辑思维体系的话，那还远未达到"妖魔化"的程度。

5.2 Python 财务类课程在整个专业课程改革中的作用

我在编写《Python 财务基础》这本书时有两个基本的出发点：

一是文科学科和理科学科的思维框架、方式和方法都有极大的不同；

二是不以要求文科生掌握 Python 语言编程为目标，而以理解其逻辑框架为目标。

为了促进文科毕业生较多的财会类部门和理科毕业生较多的 IT 部门的沟通，而尝试用逻辑维度的课程，提升财会类专业学生的逻辑思维和表达能力，我凭空设计创造了这门课程。所以课程中涉及的 Python 语言程序，相对都比较简单。当时设计的理念是，凡是要求学生掌握的程序，一律不超过 6 行代码。

这样设计主要有两个考量：一是财会类专业很难培养出能熟练运用 Python 编程的学生；二是真正处理财务问题的时候，Python 这种工具并没有很明显的优势，换句话说，处理财务问题没必要用 Python。

将 Python 引入财务领域，初衷是为了方便财务人员处理数据和提高工作效率。然而，在实际应用中，我发现很多教材和课程偏离了这个初衷。

首先，很多教材只是简单地介绍了 Python 的基本语法，而没有针对财务问题进行深入的讲解和实践。这样的教材很难培养出能够熟练运用 Python 编写程序处理财务问题的人才。

其次，很多教材和课程过于强调 Python 的数据处理能力，而忽略了财务问题的特殊性。虽然 Python 的 Pandas 库可以处理大量数据，但是它并不能完全替代财务软件或 Excel 等工具。对于一些复杂的财务问题，如量本利分析、成本计算等，用 Python 编程来解决并不是最优解。

最后，很多教材和课程过于强调 Python 的可视化能力，而忽略了财务报告的规范性和可读性。财务报表是财务信息的重要载体，它需要遵循一定的规范和格式。用 Python 生成的图表可能很美观，但是它不一定符合财务报告的要求，也不一定能够被所有人读懂。

因此，我认为在财会类专业开设 Python 课程时，应该更加注重实践和应用。教材和课程应该针对财务问题进行深入讲解和实践，让学生能够真正掌握用 Python 处理财务问题的能力。同时，也应该让学生了解和学习计算机专业同学看问题和思考问题的方式，以便更好地与他们合作和处理数据。

总之，将 Python 引入财务领域是为了方便财务人员处理数据和提高工作效率，而不是为了替代所有的财务工具和软件。在实际应用中，我们需要更加注重实践和应用，以便更好地解决财务问题。

5.3 Python 在财会类职业技能大赛中的崛起及学生应对策略

随着近些年职业院校对全国职业技能大赛的重视，财经商贸大类的大赛内容正经历着前所未有的变革。首先是大赛支持厂商的机制发生了变化，那种依靠某一厂商的平台，通过经年累月的高强度训练而常年霸榜大赛排行榜的学校发现，以后要在大赛中取得好成绩，难度越来越大了。

在这个过程中，Python 作为一种广泛应用于数据处理、分析和可视化的编程语言，逐渐在财经商贸大类的职业技能大赛中占据了重要地位。由于不同厂商、不同平台和不同的技术支持人员，对大赛内容到底应该融入多少 Python 的知识点，存在不小的分歧，所以想要短时间内彻底掌握大赛考核点的 Python 相关知识点，几乎没有可能。因为对 Python 编程语言的熟练掌握和学生编程的知识体系构建，都不是一朝一夕能完成的。这就给参赛学校，带队教师以及参赛学生带来了不小的困扰。

本节将探讨 Python 在财经商贸类职业技能大赛中的崛起，以及学生应如何应对这一挑战。

1. Python 在财会类职业技能大赛中的崛起

（1）大数据时代的需求

在大数据时代，财会专业人士需要处理和分析海量数据，以支持企业决策的制定。Python 作为一种功能强大、易于学习的编程语言，能够满足这一需求。通过运用 Python，财会专业人士可以更高效地处理数据，提高工作效率。

这一点现在业内已经基本达成共识，区别仅在于有的学校已经开始轰轰烈烈地进行教学实践，有的正在尝试做出变革，极少数还在观望。

（2）人工智能与机器学习的应用

人工智能和机器学习技术在财会领域的应用日益广泛，如智能审计、风险管理等。Python 在这方面具有天然的优势，因为它拥有丰富的库和框架，如 Numpy、Pandas、Scikit-learn 等，可以帮助财会专业人士快速实现这些技术的应用。

目前人工智能在财经商贸类的职业技能大赛中还没有全面铺开，人工智能和机器学习等智能财务领域的应用，仍处于待开发状态。不过可以预期，未来该领域的应用场景案例会逐渐增多，大赛中引入人工智能与机器学习也是必然趋势。

（3）财会类职业技能大赛的变革

为了适应行业的发展，财会类职业技能大赛也在不断调整和更新。近年来，越来越多的比赛项目开始涉及 Python 编程和数据分析技能。这意味着学生需要掌握 Python，才能在这些比赛中取得优异成绩。

这里我想展开讲两种不同专业背景的人对"掌握大赛中 Python 编程和数据分析技能"的理解。从计算机理工科角度去考虑问题，必须熟练掌握并灵活运用 Python 编程语言，才能在大赛中游刃有余。而从财经商贸文科角度考虑问题，则认为只要背过的程序足够多，也能适应大赛的考核要求。这中间有一个度很难把握。

后来我认识到，双方的根本分歧发生在对标准答案理解的不一致上。比如理工科编程，只要能达成程序要实现的目标，变量名可以不一样，算法可以不一样，甚至程序流程和解决方法都不一样。但是财经类文科师生多年来接收到的讯息则都是标准统一、规范明细的，难怪面对千差万别的 Python 编程表述，他们会感到困惑和难以接受。

2. 学生应对策略

（1）学习 Python 基础知识

学生应该从基础知识入手，学习 Python 的基本语法、数据类型、流程控制等。这些知识是学习 Python 的基础，也是后续深入学习的基石。

这里就面临一个财会类专业学习 Python 到什么程度的难题。我的观点是对于绝大多数财会类毕业生而言，仅掌握以上基础知识就足够了。但是对大赛而言，情况则要复杂得多。比如有的大赛偏重于让参赛者掌握如何用 Python 爬取数据，这就需要参赛者掌握 Requests、Beautiful Soup4、正则表达式、XPath 等库和方法，甚至包括一些财经类专门的库，比如我们在量化交易领域广泛运用到的 Tushare 库等。然而难点在于，掌握这些知识需要用的相关知识也不尽相同。正则表达式就需要你掌握网页的 HTML 编码，而不同的库则有着各自独特的方法。单就函数和库的方法，类和对象，继承和多态等知识点，就够抽象和难理解了。所以我认为还是一赛一议，大赛要求什么库就准备什么库，会比较好些。

（2）掌握数据处理与分析技能

学生需要学会如何使用 Python 进行数据处理和分析，包括学习如何使用 Pandas 库进行数据清洗、转换和分析，以及如何使用 Matplotlib 和 Seaborn 等库进行数据可视化。这些技能将帮助学生在比赛中更好地应对数据处理和分析任务。

大家对于在财会领域使用 Python 进行数据分析，目前争议是比较小的，但是技能掌握却是最差的。因为要达到使用 Numpy 或者 Pandas 库来解决数据分析问题的水平，首先 Python 基础语法编程要过关，否则在实践中会卡顿在不同的环节和语句上。好在还有一部分大赛在分析数据的时候使用的是 BI 工具，拖拽操作比较简单，从一定程度上也解决了这一难题。目前来看，只有跟大数据分析相关的大赛才对用

Python 处理数据有着硬性要求，但是不排除未来财经商贸类数据分析也使用 Pandas 的可能，我认为大概率会使用。

（3）学习人工智能与机器学习相关知识

为了在财会类职业技能大赛中脱颖而出，学生还需要学习人工智能和机器学习的基本概念。这包括学习如何使用 Scikit-learn 库进行机器学习模型的训练和评估，以及如何应用深度学习框架（如 TensorFlow 和 PyTorch）进行复杂的模型构建。

目前人工智能和机器学习除了在管理会计的预测和决策以及智能审计领域能用到外，还没有更具体的应用。目前的教材内容也仍多关注理论，可能是因为前些年没有这些先进的技术所致。未来这是一片拓荒地，我准备重新塑造管理会计的知识体系，其中紧紧围绕决策和预测以及战略来编写教材，肯定要用到人工智能和机器学习，而且大概率会使用 Python 来具体实现。

（4）Python 在大赛中的运用整体分三个方向

目前财经商贸类职业技能大赛中所使用的 Python 知识，大致可以分为：数据爬取类，数据分析类，以及未来的机器学习类。第一类要求学生熟练掌握爬取数据所涉及的技术和库，各类大赛中目前普遍都会考察这方面的知识。第二类比较难，因为 Pandas 和 Numpy 等库是必备的，要求熟练掌握。

整体来说，学生还是要多参加项目和大赛，这不仅可以提高学生的实际操作能力，还有助于培养学生的团队合作和沟通能力。同时，参加比赛还可以让学生了解行业动态，为将来的职业发展做好准备。

总之，Python 在财会类职业技能大赛中的崛起是行业发展的必然趋势。学生应该抓住这一机遇，学习 Python 相关知识和技能，提高自己的竞争力，为未来的职业生涯打下坚实基础。

第六章

运用大数据工具
做财务分析的一般流程

6.1 用大数据工具进行财务分析

宏观来讲，用大数据工具做财务分析，我们需要掌握以下几个方面的知识和技能。

第一，财务会计知识，需要熟悉财务报表的基本原理及内容。

第二，数据处理技能，需要能够使用 Python、Excel、各种 BI 或者 ETL 工具进行数据清洗、数据分析和数据可视化等操作。具体来说，应该是掌握哪种工具，就用哪种工具，如果能很好地运用 Excel，就不用再强迫自己学习 Python 来做同样的工作。BI 工具的主要作用是数据呈现，呈现的目的是发现问题和说明现状，如果手绘作图也可以解决，那么工具就可以用也可以不用。

第三，解决问题的常识和业务逻辑，绝大多数财会专业的学生，在常识和逻辑上都是严重匮乏的。

具体到"术"的层面，我觉得逻辑框架应该是，从财务数据穿透到业务数据，再对标管理层给出建议。

1. 从财务报表入手

（1）了解财务报表的基本内容和架构。

说到财务报表，很多人认为必须使用 Python 爬取企业的财务报表，然后通过数据清洗和分析，得到净利润、营业收入、经营现金流等财务指标。实际上，如果面对的是上市公司，那么财务数据都是公开的，没必要爬取，大家也可以直接到公司官网或者相关部门去寻求数据，更可以通过合法数据交易获取自己想要的数据。

（2）确定关键财务指标。

列出毛利率、净利率、现金流量比率等重要指标，并进行相关性分析，找出各指标之间的关系。这里的关键是相关性，这一步骤主要是描述和发现数据间可能存在的问题。

（3）通过可视化工具（如各种 BI 或 Excel）将财务指标进行图形分析，帮助决策者更好地理解数据。

需要指出的是，我们不应该把注意力放在花花绿绿的图上，应该依据上一个步骤中发现的问题和现状，用图表把问题阐述和表达出来，而不仅仅是为了图形好看。

而对于财务大数据分析的教学，我们应该把注意力的多半都放在如何帮助决策者更好地理解数据上。

2. 穿透到业务数据

（1）了解企业所从事的行业和主要业务。

通过调查、咨询、分析行业报告与数据等方式，了解企业的当前市场占有率、产品结构、销售情况等数据。一般来说，行业数据的获取非常难，我们的解决方案一般是找与目标公司同类、同行业的上市公司数据做比对。当然，如果能找到同行业公司的中标数据，大概能估算其经营情况，也可以拿来做比对。调查问卷、咨询分析行业报告也是可以可行的替代方案。

（2）评估业务单位的贡献度。

可以使用 Python、Excel 或者 ETL 工具进行数据清洗、数据挖掘等操作，找出业务单位对企业营运的贡献，并利用可视化工具进行图表展示。更重要的是，要有一套自己的评估体系，这是对相关关系响应度的一种定量分析，相当于一种规范。

（3）构建业务数据模型。

根据掌握的业务数据进行数据建模，建立针对不同业务单位的预测模型，辅助决策者了解不同业务单位的走势和预测。

3. 对标管理层给出建议

（1）通过数据分析得出各项关键指标的趋势和变化情况，进行数据解读，给出分析报告，向决策者提供决策支持。

（2）结合业务数据模型和财务数据模型，对企业进行决策分析。例如，对不同业务单位的预测数据进行情景模拟，评估业务发展方向，给出相应建议。给出的建议要符合公司的现状。最终可行的决策不一定是最优解，很有可能是参与决策各方都能接受的一个妥协解。

需要注意的是，上述做法是我从个人主观的角度出发提出的一种基于数据驱动的财务大数据分析方法，在实际操作中，根据企业特点和需要的不同，方法可能有所不同。

6.2 应用举例

假设你是一家电子产品零售公司的财务经理，公司的净利润在最近一年内出现了下降。为了找出净利润下降的原因，并制定相应的改进措施，你打算进行财务大数据分析。

1. 数据准备

首先，你需要收集以下数据：

（1）公司最近一年的财务报表（利润表、资产负债表、现金流量表等）；

（2）公司最近一年的销售数据（销售额、销售量、销售渠道等）；

（3）公司最近一年的商品采购和库存数据（采购额、库存量、库存周转率等）；

（4）行业数据（竞争对手销售数据、行业平均毛利率数据等）。

2. 数据清洗和分析

客观来说，财务数据大部分都不需要清洗，因为它们本身就是非常规范的数据。我认为，只有涉及业务、行业、管理等数据时，才需要用到数据清洗，真正的财务数据不需要清洗。

我们可以按以下步骤来使用 Python 或者 Excel 进行数据

清洗和分析操作。

（1）对财务报表进行数据清洗（大多数时候不需要清洗）和统计（主要是统计和计算），得到主要财务指标数据，如净利润、利润率、总销售额、营业成本等。

（2）通过可视化工具，Matplotlib 和 Seaborn 等对财务数据进行图形分析，例如绘制净利润随时间变化的趋势图，了解净利润的变化情况。

3.业务数据穿透分析

接下来的操作是关键，即针对业务数据进行数据分析和穿透，例如以下场景。

（1）统计各个类别商品的销售数量和销售额，找出销量最高的商品类别。这很考验分析者的思维和视角。

（2）分析各个销售渠道的销售额和成本情况，找出销售额最高、成本最低的渠道，考虑如何在增加该渠道营销投入的同时降低成本。

（3）对采购和库存数据进行分析，了解库存周转率和销售周转率的变化趋势。

（4）分析行业平均毛利率、行业平均销售额数据等，找出竞争对手的情况和行业的平均水平。这里非常关键，对于同行业的平均毛利、销售数据等，参照系要选好。而且更重要的问题是，如何在不违背商业竞争原则的情况下获取想要的数据。现在数据分析有个容易被忽略的事实，就是我们拥有的数据比我们认为的要多。

4. 决策分析

最后，综合分析财务数据和业务数据，制定改进措施。

通过分析得出，净利润下降是销售额降低、产品成本上升、销售费用增加等因素综合作用的结果。

如果说净利润下降是多重因素综合作用的结果，那么解决方案中就必须有以下部门的配合：销售、采购、财务、研发，甚至员工培训部门。

让销售团队寻找提高销售额的方法，例如加强市场营销活动、开拓新的销售渠道、制定更具竞争力的产品定价策略。

让采购部门与销售团队合作，寻找降低产品成本的方法，例如与供应商协商优惠价格、寻找替代性供应商、优化库存管理以减少积压产品的成本。

让财务部门制定财务策略，例如减少开支、合理配置资金，确保公司的资金使用效率，同时进行财务数据分析，找出成本高、效益低的环节。

让研发部门根据市场需求和客户反馈,提升产品的创新能力和竞争力,推出符合市场需求的新产品,提高产品附加值。

员工培训部门也要通过针对性的培训,提升员工的销售技能和专业知识,增强员工的客户服务意识和销售能力,为销售额的增长提供支持。

少了任何一个部门的配合,少了任何一个环节的配合,解决这个问题都会受到掣肘。

针对每一个具体的原因也可以分别做如下尝试:针对销售额降低的原因,可以考虑增加新的销售渠道,加强网上销售等措施;针对产品成本上升,可以考虑优化采购策略,降低采购成本等;针对销售费用增加,可以考虑调整广告费用的投入等。

所有的财务大数据分析问题,最终都要和企业的管理、经营决策结合起来,才能切实达到为企业提质增效的终极目标。

6.3　财务 BP 视角的财务大数据分析

财务 BP 的分析是指利用财务报表、业务数据、分析方法等，对企业的经营状况进行深入分析，发现问题、提出建议、支持决策的过程。一个财务 BP 的分析案例，应该包括以下几个要素。

（1）案例背景：介绍案例所涉及的企业的基本情况，如行业、规模、产品、市场等，以及案例的分析目的和范围。

（2）数据来源：说明案例所使用数据的来源和类型，如财务报表、业务数据、行业数据等，以及数据的有效性和可靠性。

（3）分析方法：选择合适的分析方法，如对比分析、趋势分析、比率分析、偏差分析、预测分析等，以及分析方法的适用性和局限性。

（4）分析过程：展示分析过程中的数据处理、计算、图表等，以及分析过程中发现的问题和原因。

（5）分析结论：总结分析结果，形成清晰、有逻辑、有依据的分析结论，如企业的经营状况、优势劣势、机会威胁等。

（6）分析建议：根据分析结论，提出针对性的建议和措施，如改进方案、优化策略、风险防范等，以及建议的可行性和预期效果。

为了方便大家理解，我举一个某互联网公司的财务 BP 经营分析案例。

案例背景：某互联网公司 A，在 2019 年上半年实现了营收 10 亿元，同比增长 50%，但净利润却下降了 10%，仅为 1 亿元。公司老板想知道为什么会出现这种情况，以及如何改善公司的盈利能力。

案例数据来源：公司 A 的 2018 年和 2019 年上半年的财务报表（资产负债表、利润表、现金流量表），以及公司 A 所在行业的平均经营水平数据。

案例分析方法：对比分析（横向对比和纵向对比）、趋势分析（时间序列）、比率分析（盈利能力、偿债能力、运营能力等）、偏差分析（预算与实际）、预测分析（基于历史数据和行业趋势）。

案例分析过程如下。

第一步，通过对比公司 A 的营收和净利润增长率，发现公司 A 在 2019 年上半年虽然实现了较高的营收增长，但净利润增长却明显低于营收增长，甚至出现了负增长，说明公司 A 的盈利能力下降了。

第二步，通过对比公司 A 的各项费用占营收的比例，发现公司 A 在 2019 年上半年的销售费用、管理费用和财务费用都有所增加，尤其是销售费用，占营收的比例从 2018 年的 15% 上升到了 2019 年上半年的 20%，说明公司 A 为了追求营收增长，增加了市场开拓和推广的投入，导致了费用的增加。

第三步，通过对比公司 A 的主要财务比率和行业平均水平，发现公司 A 在 2019 年上半年的毛利率、净利率、资产周转率、资产负债率等都低于行业平均水平，说明公司 A 在盈利能力、运营能力和偿债能力方面都存在不足，需要改进。

第四步，通过偏差分析，发现公司 A 在 2019 年上半年的实际营收和预算营收相差不大，但实际净利润却远低于预算净利润，主要原因是实际费用高于预算费用，尤其是销售费用，超出了预算的 30%，说明公司 A 在费用控制方面存在问题，需要加强管理。

第五步，通过预测分析，根据公司 A 的历史数据和行业趋势，预测公司 A 在 2019 年下半年和 2020 年的营收和净利润情况。结果显示，如果公司 A 继续按照目前的模式经营，虽然可以保持较高的营收增长，但净利润增长将持续低迷甚至变为负增长。

案例分析结论如下。

（1）公司 A 在 2019 年上半年虽然实现了较高的营收增

长，但盈利能力下降了，主要原因是为了追求营收增长而增加了过多的销售费用，导致了成本的上升和利润的下降。

（2）公司 A 在盈利能力、运营能力和偿债能力方面都低于行业平均水平，需要改进。

（3）公司 A 在费用控制方面存在问题，需要加强管理。

（4）公司 A 如果继续按照目前的经营模式，将面临盈利困境甚至亏损风险。

案例分析建议如下。

（1）公司 A 应该调整经营策略，不要过度追求营收增长而忽视盈利能力，要注重提高产品质量和服务水平，提升客户满意度和忠诚度，降低客户流失率和获客成本。

（2）公司 A 应该优化成本结构，控制销售费用、管理费用和财务费用的增长速度和占比，提高毛利率和净利率。

（3）公司 A 应该提高运营效率，加快资产周转速度，提高资产利用率。

（4）公司 A 应该降低负债水平，减少借款和利息支出，提高偿债能力和信誉度。

（5）公司 A 应该建立有效的预算管理制度和考核机制，监控实际与预算之间的偏差，并及时采取纠正措施。

如果围绕第一条建议的落地展开探讨，不过度追求营收增长而忽视盈利能力，那么我们可能需要以下四个部门的配合：市场部、研发部、财务部、人力资源部。这四个部门中，市场部最为重要，当然，如果市场部做出了决策，人力资源部没能在决策中给予牺牲利益的一方适当的补偿，便无法推进整个建议的具体实施。这四个部门如果有任何一个不配合，那么这个决策都无法形成具体的行动，更不用谈达成什么效果了。

我们希望这样的财务大数据分析案例能够实现以下目标。

（1）让学生理解表面现象和内在根源的巨大差别。

（2）让学生认识到，企业中并不必须是最优、最好和最正确的决策才应该得到执行，很多时候我们可以执行的只是次优解，甚至是次次优解，本质上是一个各方利益都能得到兼顾的解决方案。

（3）让学生明白企业的运作主要靠制度和人——流程管事，制度管人，财务大数据的分析归因要紧紧围绕这两个要素，也只有分析到这个层面，企业的财务大数据分析才能落到实处，才能真正解决问题。

而只有解决实际问题的财务大数据分析，才是真正意义上有价值的财务大数据分析，也是我们实际工作中真正用得上和企业真正需要的岗位技能。

用零代码工具搭建
费用申请和报销应用系统

7.1　应用场景

　　报销是每个企业财务人员都必须要处理的工作之一，在报销数量特别大的时候，如何能够帮助财务人员轻松、高效地处理每一笔业务？

　　我们先看看报销流程：员工发起报销单，每笔费用都要填写费用类型、开票日期和金额，但是财务审批的时候需要知道每种费用类型的金额合计，如果每一个申请都要单独计算，那么无疑会增加财务工作量。

　　使用本应用中明细表自动汇总功能，就可以实现相同费用类型的金额合计显示，方便财务核对。使用应用，通过拖拉拽点即可建立企业标准化、规范化的流程管理体系。

7.2　任务场景

　　任何一家企业都会非常关注财务数据，而财务数据可以通过一系列的相关表单数据来体现。本应用的主题是公司费用申请和报销的申请，显然我们需要通过对财务数据和流程进行研究得出结论，这个应用有如下需求：

（1）编制财务费用预算，控制每类费用的报销额度；

（2）自定义审批流程，实现自动化报销；

（3）流程超时自动处理，避免待办事项积压；

（4）自定义打印模板，打印报销单据。

通过应用，我们了解了财务数据的特点，这样可以跟公司的其他部门或者各种各样的业务数据打通，实现统筹管理、综合利用，以便最大限度地发挥数据的价值。

7.3　任务流程分析

任务具体流程如下（见图 7-1）。

（1）通过浏览器输入用户名、密码，登录零代码应用平台。

（2）梳理任务表单的需求逻辑。

（3）创建表单应用。

（4）根据需求搭建表单，配置视图。

（5）配置仪表盘图表和需要的工作流程。

（6）配置数据权限，发布应用。

○ 思维导图

费用申请和报销系统

任务一　梳理需求，创建基础工作表 —— 表单基础控件

任务二　根据关联关系设置工作表关联以及属性值 —— 字段属性、默认值、控件

任务三　选择对应的表单配置工作流 —— 工作流

任务四　添加需要的仪表盘看板，设置应用权限 —— 仪表盘、权限

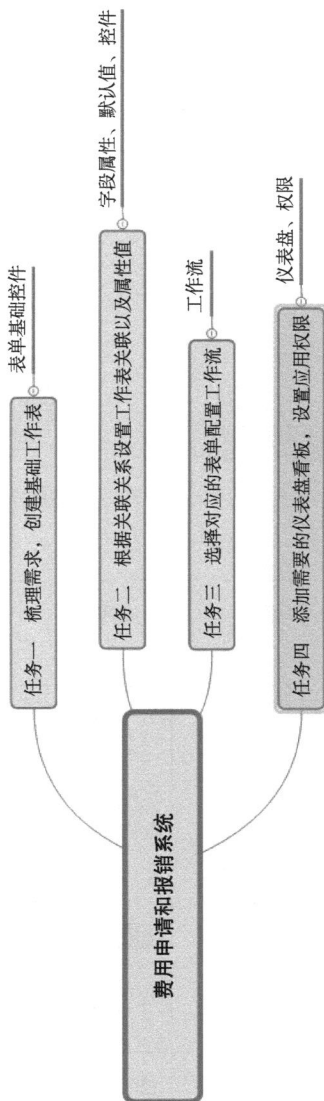

图 7-1　费用申请和报销系统思维导图

7.4   任务实施步骤

（1）在明道云首页界面鼠标左键点击"新建应用"，点击选择"从空白创建"，标题命名为"费用申请和报销系统"，如图 7-2 所示。

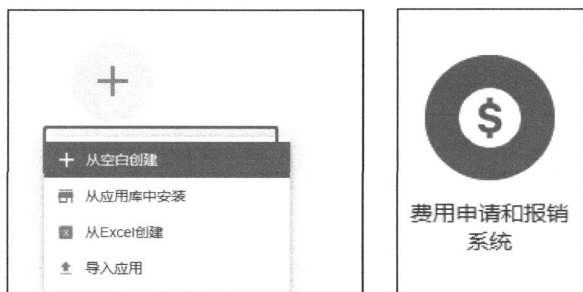

图 7-2   新建应用

（2）根据分析可知，需要用费用类别表单区分不同费用的类别，鼠标左键点击"+ 应用项"，选择"从空白创建"，新建标题为"费用类别"表单，如图 7-3 所示。

（3）鼠标左键双击或者拖入常用控件中的"文本"

图 7-3   新建"费用类别"表单

控件，在右侧属性面板修改标题为"费用类别"，如图 7-4 所示。

图 7-4　编辑字段

（4）依图 7-3，鼠标左键点击"＋应用项"，选择"从空白创建"，新建标题为"报销额度"的表单。鼠标左键双击或者拖入关联控件中的"关联记录"控件，关联工作表选择"费用类别"，如图 7-5 所示。

鼠标左键双击或者拖入关联控件中的"他表字段"，关联记录选择"费用类别"表单，显示字段选择"费用类别"字段，类型选择"存储数据"，如图 7-6 所示。

鼠标左键双击或者拖入常用控件中的"数值"控件，在右侧属性面板修改标题为"报销额度"，保留小数点后位数设置为两位，如图 7-7 所示。

图 7-5　新建关联

图 7-6　关联表单

图 7-7　设置"报销额度"参数

　　同样，鼠标左键双击或者拖入常用控件中的"文本"控件，在右侧属性面板修改标题为"单位"，设置默认值为"月／人"，如图 7-8 所示。

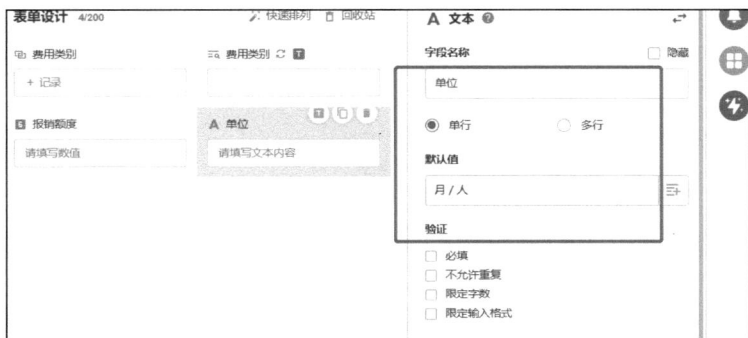

图 7-8　设置数据的单位

（5）为了方便表单分类，我们可设置分组，将同一个部门或者费用类型表单放在一起管理，鼠标在顶部找到分组的箭头，新建"费用设置"分组，单击倒三角箭头，选择"在此后添加分组"，新建"预算设置"分组，如图7-9所示。

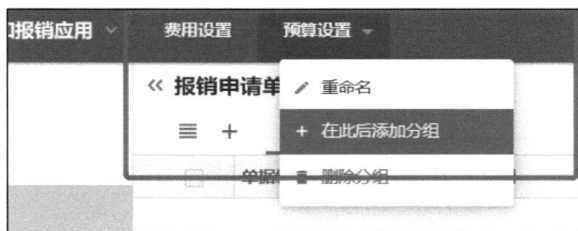

图 7-9　新建分组

（6）鼠标左键点击"+应用项"，选择"从空白创建"，新建标题为"预算编制"的表单。鼠标左键双击或者拖入常用控件中的"日期"控件，在右侧属性面板修改标题为"预算年份"，类型选择为"年"，设置默认值为"此刻"，如图7-10所示。

接下来，鼠标左键双击或者拖入常用控件中的"部门"控件，默认名称就用部门显示，鼠标左键双击或者拖入关联控件中的"子表"控件，选择"从空白添加"，如图7-11所示。

图 7-10　新建"预算编制"表单

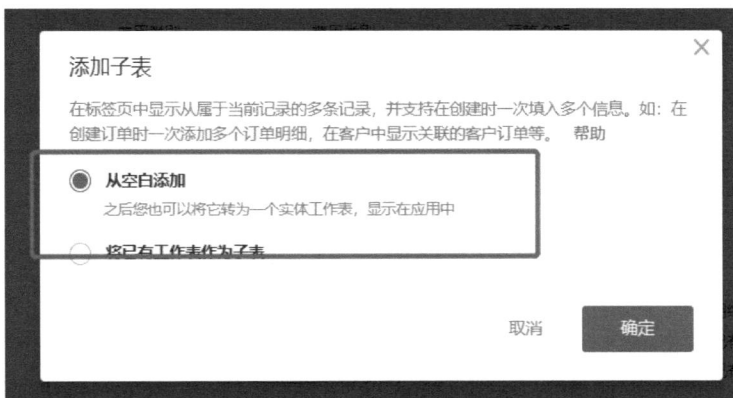

图 7-11　添加子表

　　在右侧属性面板修改标题为"预算明细"，设置字段名称，鼠标选择"+添加字段"，找到"关联记录"，关联"费用类别"表单，如图 7-12 所示。

图 7-12　关联表单

继续添加子表字段，找到关联控件中"他表字段"控件，关联记录表单选择"费用类别"，显示字段显示"费用类别"，类型选择"存储数据"，选择添加字段，鼠标选择常用控件中的"数值"控件，修改名称为"预算金额"，子表字段创建完成，如图 7-13 所示。

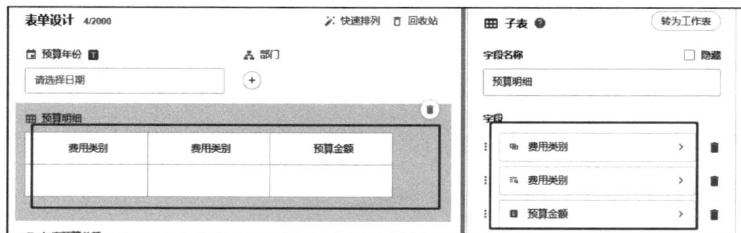

图 7-13　创建子表字段

鼠标左键双击或者拖入关联控件中的"汇总"控件，在右侧属性面板修改字段名称为"年度预算总额"，关联表选择"预算明细"，汇总选择"预算金额"，这样可以对预算金额进行"求和"，如图 7-14 所示。

图 7-14 对预算金额求和

（7）鼠标左键点击"+应用项"，选择"从空白创建"，新建标题为"报销申请单"的表单。鼠标左键双击或者拖入高级控件中"自动编号"控件，在右侧属性面板修改标题为"单据编号"，设置编号规则，如图 7-15 所示。

鼠标左键双击或者拖入常用控件中的"日期"控件，在右侧属性面板修改标题为"报销日期"，类型选择"年"，年份默认值设置为"此刻"，如图 7-16 所示。

財務大数据分析之道
基础入门、核心工具与应用实例

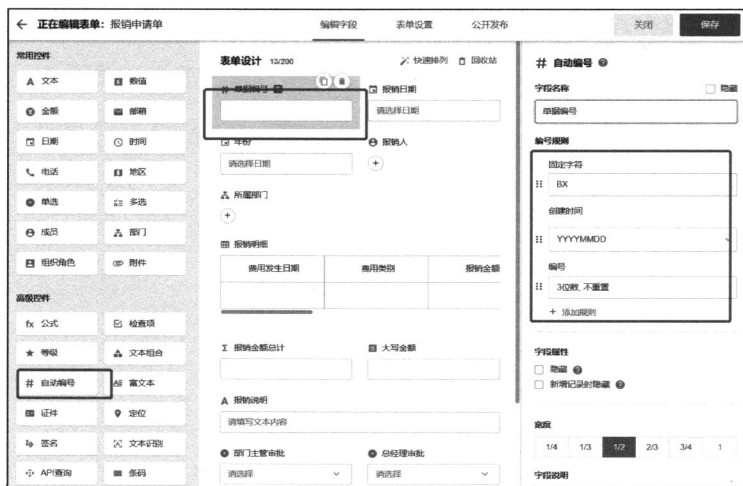

图 7-15　新建"报销申请单"表单

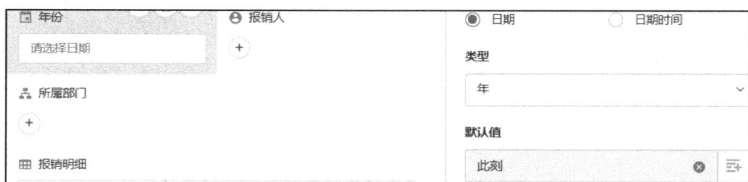

图 7-16　设置"报销日期"

同样，我们用对应的控件设置年份、报销人和所属部门，如图 7-17 所示。

（8）鼠标左键点击"＋应用项"，选择"从空白创建"，新建标题为"报销明细"的表单。鼠标点击右侧设置表单隐

第七章
用零代码工具搭建费用申请和报销应用系统

藏，如图 7-18 所示。

图 7-17　设置年份、报销人和所属部门

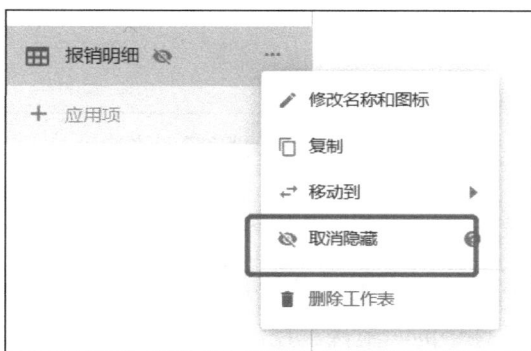

图 7-18　新建"报销明细"表单

　　表单字段为报销单明细显示的字段信息，费用类别需要关联他表，鼠标左键双击或者拖入常用控件中的"数值"控件，在右侧属性面板修改标题为"报销金额"，日期字段改为"费用发生日期"，关联控件选择"关联记录"关联"报销申请单"和"费用类别"表单，关联控件选择"他表字段"，关联记录选择"费用类别"，显示字段显示"报销申请单"，类型为"存储数据"，如图 7-19 所示。

图 7-19　设置"报销明细"表单字段

　　补充完善表单，鼠标左键双击或者拖入常用控件中的"文本"控件，在右侧属性面板修改标题为"发票号"，继续选择常用控件中的"附件"控件，在右侧属性面板修改标题为"上传发票"，文件类型改为"不限制"，选择常用控件中的"数值"控件，在右侧属性面板修改标题为"本月已用额度"，选择常用控件中的"数值"控件，在右侧属性面板修改标题为"总额度"，选择高级控件中的"公式"，在右侧属性面板修改字段名称为"本月剩余额度"，计算方式选择"自定义"，在自定义框中选择需要计算的公式字段，这里我们输入"总额度 – 本月已用额度",如图 7-20 所示。

图 7-20　补充完善"报销明细"表单（1）

　　让我们回到"报销申请单"完善表单信息,鼠标左键双击或者拖入关联控件中的"子表"控件,将已有"报销明细"表单作为子表,设置完成后在"报销明细"表单显示字段勾选显示的列,如图 7-21 所示。

　　鼠标左键双击或者拖入关联控件中的"汇总"控件,在右侧属性面板修改字段名称为"报销金额总计",关联表选择"报销明细",汇总选择"报销金额",对金额进行"求和",如图 7-22 所示。

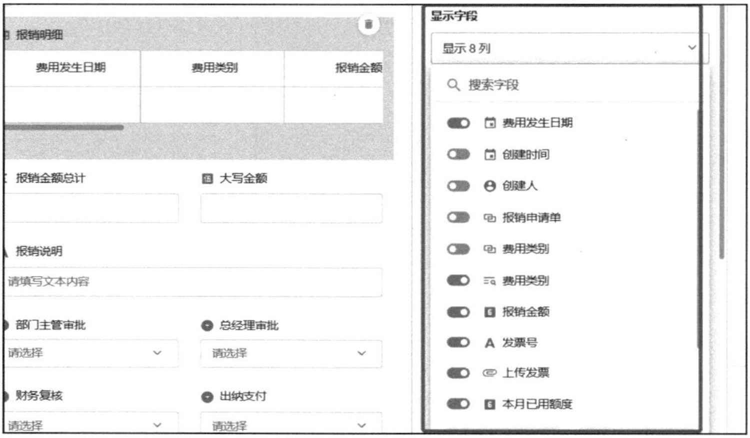

图 7-21　补充完善“报销明细”表单（2）

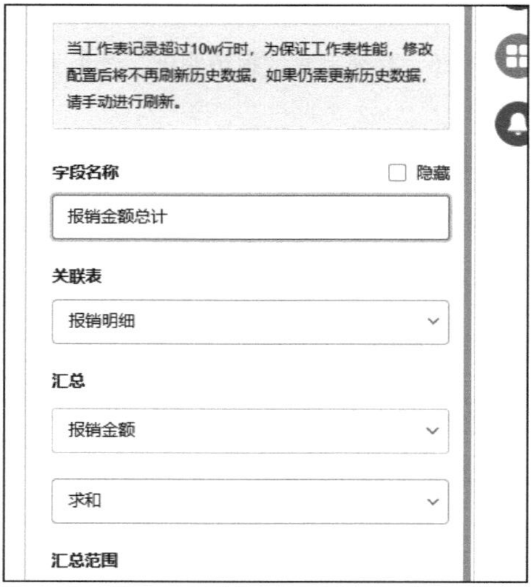

图 7-22　汇总“报销金额”

鼠标左键双击或者拖入特殊控件中的"大写金额"控件，大写金额只能关联数字类型或者金额控件，关联金额选择"报销金额总计"，如图 7-23 所示。

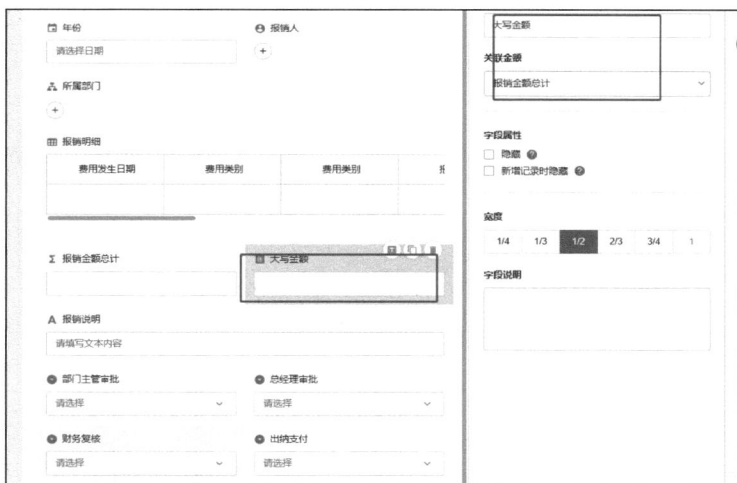

图 7-23　加入"大写金额"

鼠标左键双击或者拖入常用控件中的"文本"控件，在右侧属性面板修改字段名称为"报销说明"，鼠标左键双击或者拖入常用控件中的"单选"控件，在右侧属性面板修改字段名称为"部门主管审批"，自定义选项为"同意"和"不同意"，显示方式为"下拉菜单"，同样，添加"单选"控件分别为"总经理审批""财务复核""出纳支付"，设置选项值，如图 7-24 所示。

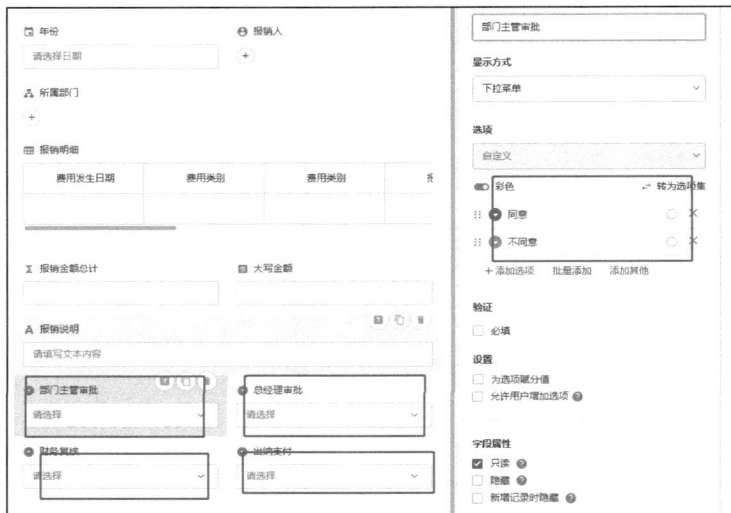

图 7-24　设置审批选项

（9）鼠标左键点击"+ 应用项"，选择"创建自定义页面"，新建标题为"报销金额统计"的仪表盘。鼠标左键点击"统计图"的添加按钮，工作表选择"报销明细"，点击确认，统计报销明细工作表的信息，如图 7-25 所示。

鼠标点击对应的图表，我们根据显示的数据选择图表，勾选对应的维度和数值，图表会显示数据，根据需要可以调整数据源的时间，如图 7-26 所示。

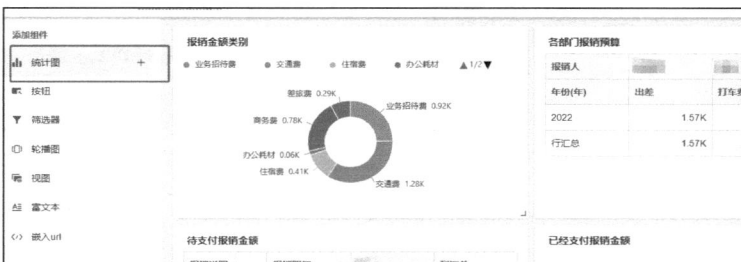

图 7-25 新建"报销金额统计"仪表盘

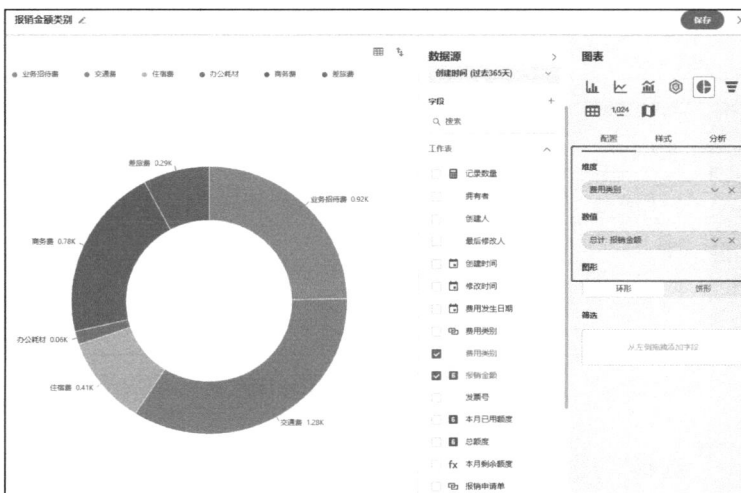

图 7-26 显示数据图表

（10）鼠标左键点击"工作流"—"新建工作流"，选择"工作表事件触发"，重命名为"报销审批"，为报销设置工作流审批。其设置逻辑为报销申请表有数据新增，就会流向审批人进行审批，如图 7-27 所示。

图 7-27　为报销设置工作流审批

选择"选择工作表"下的"报销申请单"，触发方式选

"仅新增记录时"，点击"保存"，配置好每一步之后，一定要点击"保存"，如图 7-28 所示。

图 7-28　设置触发条件

鼠标左键点击添加待办分类的"审批"，数据对象选择我们需要审批的对象，这里我们选择"报销申请单"，左键点击"添加审批人"，选择"工作表事件触发"下拉菜单下的"触发者"，点击"保存"，如图 7-29 所示。

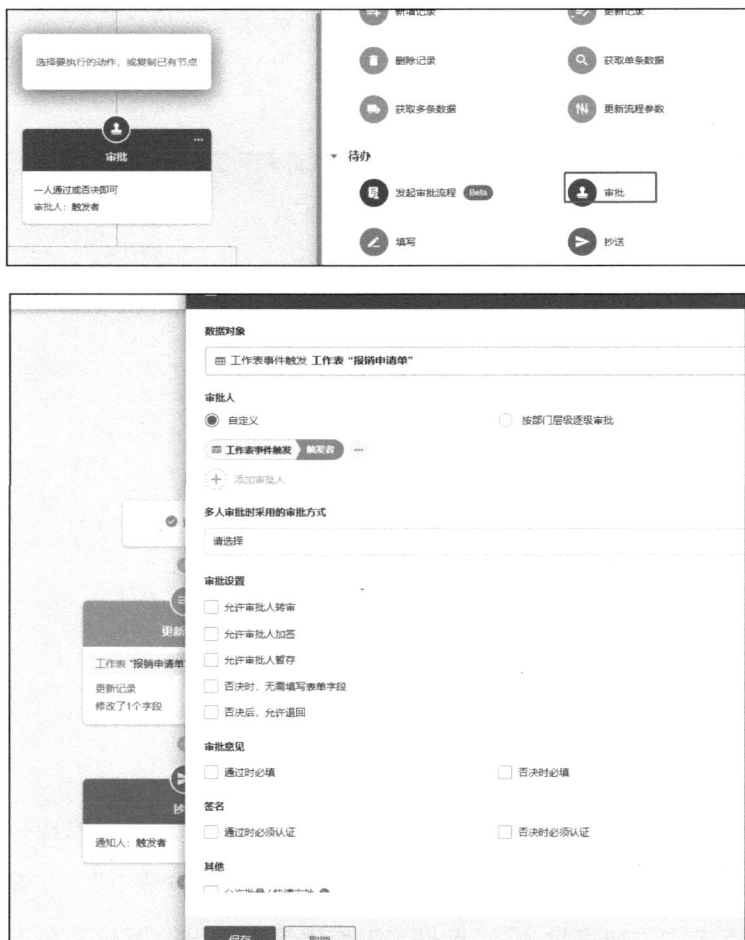

图 7-29　设置审批人

　　添加构架中的"分支",选择"审批结果分支",在"审批通过"的工作流中配置"审批通过"的操作,即自动把审批意

见改为"同意",并发送结果给触发者,点击添加,选择数据
处理分类的"更新记录",点击"设置此节点",对更新记录进
行配置,选择更新对象为"报销申请单",更新字段选择"部
门主管审批",设置为"同意",点击"保存",如图 7-30 所示。

图 7-30 配置"审批通过"的相关操作

在"待办"里面添加"抄送",数据对象选"报销申请

单"，在"通知内容"中输入"你的报销单审批通过"，如图
7-31 所示。

图 7-31　设置审批通过的通知

同样，我们对审批不通过的数据字段自动设为"不同
意"，抄送结果为"你的报销单审批不通过"，点击"保存"，
如图 7-32 所示。

选择更新对象

当前流程中的节点对象

田 工作表事件触发 **工作表"报销申请单"**

更新字段

将字段

[单选] 部门主管审批

设为 ∨

不同意

＋添加字段

数据对象

田 工作表事件触发 **工作表"报销申请单"**

视图

按照所选视图配置的显示字段发送，如果通知人被分发了此视图，可以直接按权限编辑记录

全部

通知内容

你的报销单审批不通过

通知人

将通过系统消息发送

田 **工作表事件触发** 触发者 ···

＋ 添加通知人

图 7-32　设置审批不通过的通知

配置完成后，一定要点击"发布流程"，整个流程配置才能生效，如图7-33所示。

图7-33　发布流程

（11）鼠标左键点击右上角"用户"，为应用表单配置权限，如图7-34所示。

图7-34　点击"用户"

鼠标左键点击"添加用户"，选择"人员"，即可设置该应用的访问权限，如图7-35所示。

可根据需要配置只读用户表单权限，也可以在"角色权限"中新增表单权限，如图7-36所示。

图 7-35　设置访问权限（1）

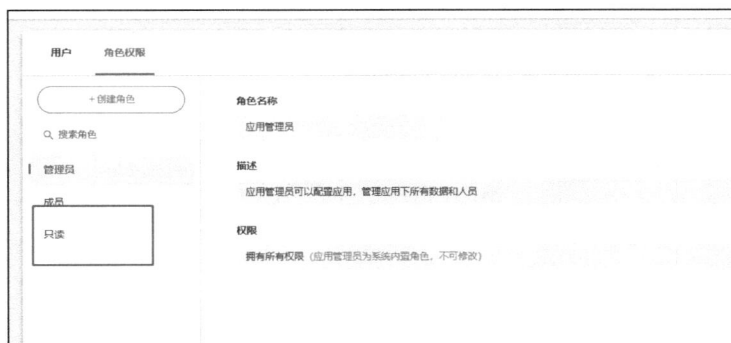

图 7-36　设置访问权限（2）

7.5 用零代码工具重塑的会计信息系统课程整体架构

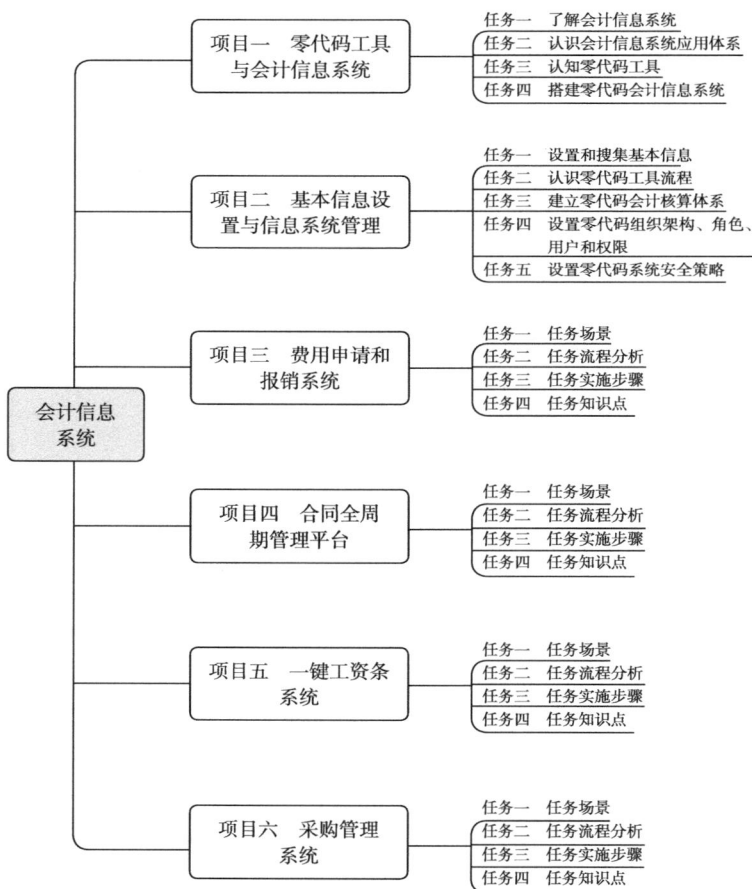

图 7-37　会计信息系统整体架构思维导图

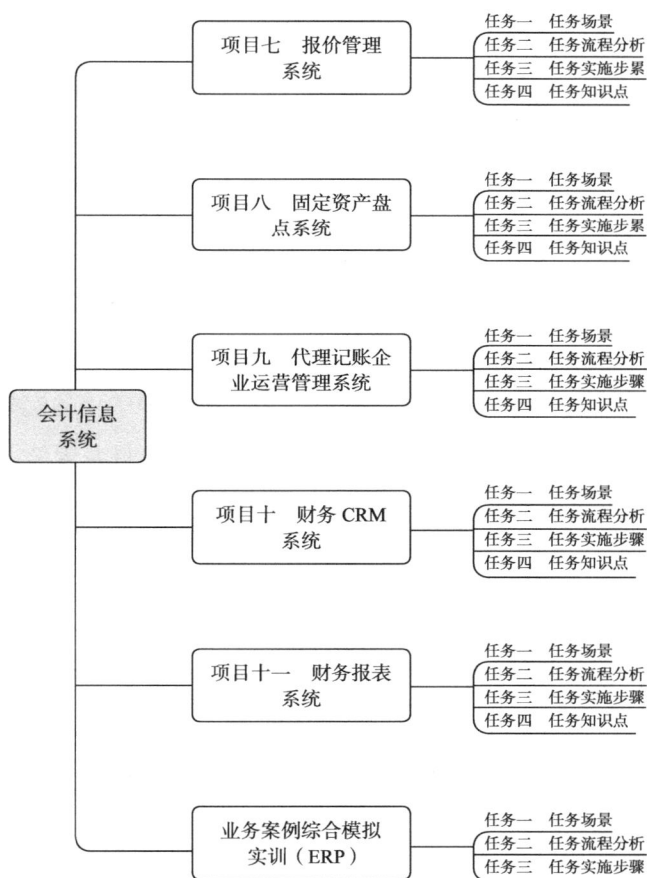

图 7-37　会计信息系统整体架构思维导图（续）

需要指出的是，"会计信息系统"（或者按照专业标准里的另一个课程名"业财信息系统应用"）课程的这种重塑，不是自上而下改革的结果，而是在企业从自身实际出发，已经开始的实践和应用中形成的，自下而上的课程内容改革。

因此，这种课程内容的重塑和教学方式的改变，更加符合企业实际和职业教育的需要，也更有利于培养具有实际操作能力和管理能力的复合型、技能型财务人员。

通过以上的分析和探讨，我们可以看到，"会计信息系统"课程的内容和教学方式需要进行改革和创新，以更好地适应企业和职业教育的实际需求。这种改革和创新需要从企业实际出发，自下而上地进行，以更好地培养学生的实际操作能力和管理能力，提高他们的综合素质和职业素养。同时，这种改革和创新也需要不断探索和实践，不断总结和完善，以更好地满足企业和职业教育发展的需求。

实际上，从我们两年来课堂实践的各种反馈来看，学生认可，觉得有用；教师认可，认为改革有亮点，课程内容有抓手。这都证明了"会计信息系统"课程的改革和创新是必要的，也是可行的。我们应该积极探索和实践，为培养高素质、复合型、技能型的财务人员做出更大的贡献。

第八章

用 RPA 做跨平台对账

8.1 应用场景

你作为本公司财务工作人员，现需要登录相关银行系统（此处以"简道云"模拟虚拟银行环境），导出本月银行流水账单数据表，依据本地记录日记流水账单与银行流水账单进行账目流水核对，并对结果做出相应记录。因为此项工作非常烦琐，重复量大，易出错且需要经常开展，所以你决定使用 Uibot 数据表相关功能，可以"一劳永逸"地解决此对账问题。

8.2 项目背景

1.任务分析

开始制作应用前，首先要分析整个任务的流程，即需要登录银行系统（本案例使用"简道云"模拟银行系统）下载流水数据，然后根据本地日记流水账单中的交易日、交易账号、借方金额、贷方金额、流水号，与银行流水的相应数据进行核对。对于异常信息需要进行记录并查找原因。

2. 构建数据

图 8-1 银行流水数据

交易日	摘要	交易方	交易账号	借方金额	贷方金额	余额	流水号	备注
2000-02-04 00:00:00:00	支付材料保证金		4367423157762216692	652798.48		359867051.43	000100	支付货款
2000-03-05 00:00:00:00	支付货款		4367422909909238331		704624.65	359010877.42	000099	收回货款
2000-03-06 00:00:00:00	采购办公用品		4367424347120566972	939459.13		358776642.94	000098	收回设备处置
2000-03-06 00:00:00:00	采购办公用品		4367424583346011271		942399.41	359718442.35	000097	文具等办公用具
2000-03-07 00:00:00:00	采购办公设备		4367427606057496831	699754.68		359718687.67	000096	电脑及其配件等
2000-03-07 00:00:00:00	收回货款		4367427768034409762	100855.22		358917832.45	000095	支付货款
2000-03-08 00:00:00:00	收回货款		4367424183255818394		107373.49	359025205.94	000094	收回货款
2000-03-09 00:00:00:00	收回货款		4367428396667019442		217519.47	359246725.41	000093	收回货款
2000-03-09 00:00:00:00	收回货款		4367421292542272641		522703.46	359765428.87	000092	收回货款
2000-03-09 00:00:00:00	收回货款		4367427536141115172		425799.32	360191228.19	000091	收回货款
2000-03-10 00:00:00:00	收回货款		4367422517777758102		349200.38	360540428.57	000090	收回货款
2000-03-11 00:00:00:00	收回货款		4367429564963431182	534279.35		360006149.22	000089	收回货款
2000-03-11 00:00:00:00	支付材料保证金		4367422862523930052	189741.23		360048516.19	000088	支付货款
2000-03-11 00:00:00:00	收回货款		4367426058888921951		842366.97	360658774.96	000087	收回货款
2000-03-12 00:00:00:00	收回货款		4367424467536783182		206611.87	360679386.83	000086	收回货款
2000-03-12 00:00:00:00	支付材料保证金		4367426628879648511	350034.36		360329352.47	000085	支付货款
2000-03-13 00:00:00:00	收回货款		4367424242477229632	52830.24		360276522.23	000084	汇款回
2000-03-13 00:00:00:00	收回货款		4367424655913883422	567978.81		360076543.42	000083	支付货款
2000-03-13 00:00:00:00	收回货款		4367426884814369412		193938.41	359702481.83	000082	收回货款
2000-03-14 00:00:00:00	收回货款		4367429985644124841	389246.45		359513235.38	000081	收回货款
2000-03-14 00:00:00:00	收回货款		4367428116154537382		373837.9	359907073.28	000080	收回货款
2000-03-14 00:00:00:00	支付员工福利款		4367428870960003 61		856600.57	360748673.85	000079	收回货款
2000-03-15 00:00:00:00	收回货款		4367424871456237173	513476.37		360230197.48	000078	收回货款
2000-03-15 00:00:00:00	支付货款		4367428041438866001		466900.48	360697097.96	000077	收回货款
2000-03-15 00:00:00:00	缴纳个人所得税		4367426351442034602		996220.14	361693318.10	000076	缴纳养老保险
2000-03-15 00:00:00:00	缴纳社保		4367424294619843		900882.13	361594200.23	000075	应交税费
2000-03-15 00:00:00:00	缴纳职工住房公积金		4367424562737302	780237.27		361813962.96	000073	应付职工薪酬
2000-03-15 00:00:00:00	支付当月水费		4367421651559240461	258992.26		361314468.07	000071	办公人员餐费
2000-03-15 00:00:00:00	支付当月电费		4367426527217134641	148847.66		361797927.54	000069	电费
2000-03-15 00:00:00:00	发放当月工资		4367429686714741561	468959.58		361720935.28	000067	物业费
2000-03-15 00:00:00:00	支付当月公积金		4367424942958926052	215321.13		361573487.62	000065	员工生日、节假日等
2000-03-15 00:00:00:00	支付物业管理费		4367425763988766082	134240.19		360888206.91	000064	
2000-03-15 00:00:00:00	支付员工福利款		4367426894913337142531	665885.42		360753966.72	000063	
			4367423137534971222	596554.5		360088081.3		
			4367427369827020181	828865.53		359491526.8		
				409184.15		358662661.27		
						358253477.12		

图 8-2 日记流水数据

序号	日期	摘要	交易对方	交易账号	借方金额	贷方金额	余额	流水号	备注
1	2000-04-11 00:00:00.000	支付货款		4367422449040290174	69.2		355765199.64	000001	支付货款
2	2000-04-10 00:00:00.000	收到退回保证金		43674281094332812532		513.1	355645619.33	000002	其他应收款
3	2000-04-10 00:00:00.000	采购办公设备		43674234068460549 72	76606.33		355941991.18	000003	电脑及其配件等
4	2000-04-09 00:00:00.000	收到货款		4367429374570496252		208590.45	355733400.73	000004	收到货款
5	2000-04-09 00:00:00.000	收到货款		43674216839758756 1	73147.29	93621.62	355810007.06	000005	收到货款
6	2000-04-09 00:00:00.000	支付货款		4367421594114094608		5939.3	354873792.44	000006	支付货款
7	2000-04-08 00:00:00.000	支付货款		43674222490059331 21			354946939.73	000007	收到货款
8	2000-04-08 00:00:00.000	支付货款		43674141185949446 2	49791.8		354353116.06	000008	支付货款
9	2000-04-08 00:00:00.000	支付货款		43674204724724471 2	1725.24		354402907.86	000009	收到货款
10	2000-04-07 00:00:00.000	收到退款		4367420984861487 81		661424.46	354582131.3	000010	汇款退回
11	2000-04-06 00:00:00.000	支付广告费		43674248724625091 1		200905.92	353920708.64	000011	新闻/广告费用
12	2000-04-06 00:00:00.000	提现备用金		4367429183855890 901	918342.31		353719802.72	000012	支付货款
13	2000-04-06 00:00:00.000	收到货款		43674299396724628 1	704097.62		354638145.03	000013	收到货款
14	2000-04-04 00:00:00.000	支付货款		43674290580544952 2	237078.13		353542242.65	000014	差旅费、差旅费等
15	2000-04-04 00:00:00.000	收到退款		4367421780834459051	820855.96	5277.57	355579320.78	000015	汇款退回
16	2000-04-04 00:00:00.000	提现备用金		43674249337098707 12	479632.34		356400176.74	000016	支付货款
18	2000-04-03 00:00:00.000	支付货款		4367428875318683532	709798.8		356347799.17	000018	支付货款
19	2000-04-03 00:00:00.000	收到退付款		43674263414252608 32		263935.47	356874315.1	000019	收到货款
20	2000-04-03 00:00:00.000	支付货款		43674228256799233 72	454266.89		357537230.31	000020	收到货款
21	2000-04-01 00:00:00.000	收到货款		4367429757766235 2		602989.53	357273294.84	000021	支付货款
22	2000-04-01 00:00:00.000	提现备用金		4367421134265070331		14557	357775617.3	000022	收到货款
23	2000-04-01 00:00:00.000	采购办公设备		4367429202246662 1381		370063.67	357044572.2	000023	收到货款
24	2000-03-31 00:00:00.000	收到货款		43674237096825905 251	469149.69		356898905.21	000024	电脑及其配件等
26	2000-03-31 00:00:00.000	支付货款		4367428313527017872	74843.52		365528931.54	000025	收到货款
27	2000-03-31 00:00:00.000	收到货款		43674234102960269 42		17852.68	356599081.2	000026	收到货款
28	2000-03-30 00:00:00.000	收到货款		4367429258622312	726951.45		357774592475	000027	支付货款
29	2000-03-30 00:00:00.000	支付货款		43674196412514332 2	399364.78		357728072.07	000028	支付货款
30	2000-03-30 00:00:00.000	提现备用金		43674266583121562 1			358454388.3	000029	电脑及其配件等
31	2000-03-29 00:00:00.000	支付货款		43674252592716031 82			358256744.04	000030	收到货款
32	2000-03-29 00:00:00.000	收到货款		4367431265011550 21	85245.21	608713.46	357944869.96	000031	支付货款
33	2000-03-28 00:00:00.000	支付货款		4367427557980905 11		297205.88	358033714.17	000032	支付货款
34	2000-03-28 00:00:00.000	收到货款		43674239006845306 591	245338.47		358037952.64	000033	收到货款
35	2000-03-28 00:00:00.000	采购办公设备		43674213241154068 52		1241479	358826637.85	000034	电脑及其配件等
36	2000-03-27 00:00:00.000	收到货款		43674230450514739 72	549665.36	85015269	358816303.21	000035	收到货款
37	2000-03-25 00:00:00.000	采购办公设备		43674241626152314 2			379661503.52	000036	电脑及其配件等
38	2000-03-25 00:00:00.000	收到货款		4367423429814981682	179207.38		357483381.62	000037	支付货款
39	2000-03-25 00:00:00.000	提现备用金		43674254259863899 22	95834.11	480768.9	357664589	000038	收到货款
40	2000-03-24 00:00:00.000	收到货款		43674251423594740 81	42012.18		356618423.11	000039	收到货款
41	2000-03-23 00:00:00.000	收到退回保证金		43674227227944457 1		819736.96	358660435.29	000040	收到货款
				43674255634414634 81		77862864	357840698.33	000041	其他应收款

139

3. 流程图 / 步骤分解

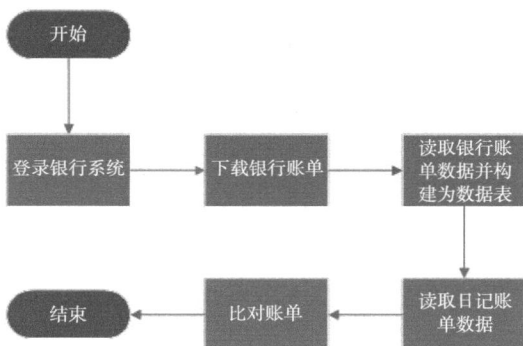

图 8-3　步骤分解图

表 8-1　步骤分解表

步骤	命令
1. 登录银行系统	1.1 启动新的浏览器页面 1.2 更改窗口显示状态 1.3 在目标中输入—账号 1.4 在目标中输入—密码 1.5 点击目标—登录
2. 下载银行账单	2.1 点击目标—银行系统 2.2 点击目标—编辑表单 2.3 点击目标—数据管理 2.4 点击目标—导出 2.5 点击目标—全部数据 2.6 点击目标—导出

（续表）

步骤	命令
2. 下载银行账单	2.7 点击目标—立即下载 2.8 在目标中输入—保存路径位置 2.9 点击目标—保存
3. 读取银行账单数据 并构建为数据表	3.1 打开 Excel 工作簿—银行下载数据.xlsx 3.2 读取区域—读取内容 3.3 关闭 Excel 工作簿 3.4 构建数据表—构建银行数据表
4. 读取日记账单数据	4.1 打开 Excel 工作簿 4.2 读取区域
5. 比对账单	5.1 变量赋值—行数 5.2 依次读取数组中每个元素 5.3 变量赋值 5.4 数据筛选 5.5 获取行列数 5.6 如果条件成立（if） 5.7 设置区域颜色 5.8 关闭 Excel 工作簿

8.3 应用搭建

1. 登录银行系统

（1）启动新的浏览器页面

在左侧命令区中找到命令"启动 Google Chrome 浏览

器"，双击或拖入执行区，详情见图 8-4。

在右侧属性栏中，浏览器类型选择"Google Chrome"，即谷歌浏览器，也可根据你的电脑实际情况进行选择，打开简道云网址。

图 8-4　启动新的浏览器

（2）更改窗口显示状态—更改浏览器状态

在左侧命令区中找到命令"更改窗口显示状态"，双击或拖入执行区，放置在"启动 Google Chrome 浏览器"之后，详情见图 8-5。

图 8-5　更改窗口显示状态—更改浏览器状态

在右侧属性栏中，显示状态选择"最大化"，并将光标移动至"未指定"按钮，进行点击，点击"从界面上选取"后，Uibot 会自动最小化，一个可选取的浏览器界面会置于顶端，光标移动至整个浏览器页面，等待自动识别后，进行单击，最大化浏览器页面。

（3）在目标中输入—账号

在左侧命令区中找到命令"在目标元素中输入文本"，双击或拖入执行区，放置在"更改窗口的显示状态"之后，详情见图 8-6。

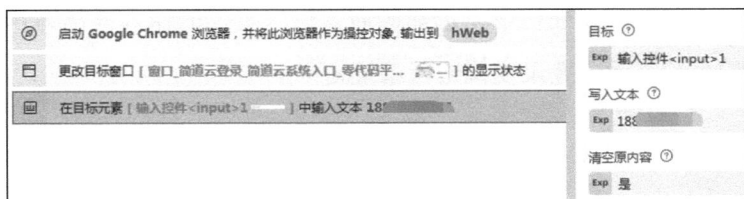

图 8-6　在目标中输入—账号

在右侧属性栏中，选择所需要输入账号的输入框作为执行元素；写入文本设置所需要输入的文本内容，即模拟银行系统登录账号，可设置字符串变量。

（4）在目标中输入—密码

在左侧命令区中找到命令"在目标元素中输入密码"，双击或拖入执行区，放置"在目标元素中输入文本"之后，详情见图 8-7。

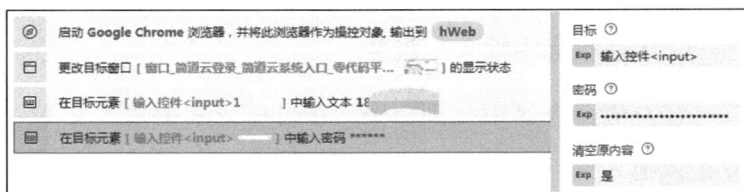

图 8-7　在目标中输入—密码

在右侧属性栏中，选择所需要输入密码的输入框作为执行元素；输入登录模拟银行系统密码。

（5）点击目标—登录

在左侧命令区中找到命令"鼠标点击目标"，双击或拖入执行区，放置在"在目标元素中输入密码"之后，详情见图 8-8。

在右侧属性栏中，指定所需要点击的元素对象作为执行元素，可选择使用鼠标左键、中键或右键进行点击；点击类型可选择单击、双击、按下或弹起等操作；根据情况选择对元素进行操作所需要的步骤。

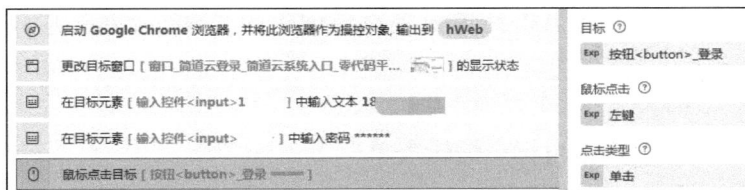

图 8-8　点击目标—登录

在这里需要设定为使用鼠标左键单击网页中的"登录"按钮。

2. 下载银行账单

（1）点击目标—银行系统

在左侧命令区中找到命令"鼠标点击目标"，双击或拖入执行区，放置在前一个"鼠标点击目标"之后，详情见图8-9。

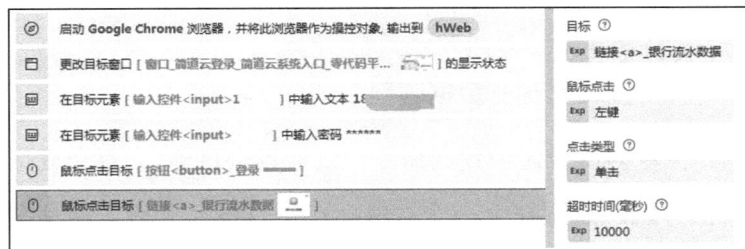

图 8-9　点击目标—银行系统

使用左键点击简道云中提前创建的"银行系统"应用图标。

（2）点击目标—编辑表单

在左侧命令区中找到命令"鼠标点击目标"，双击或拖入执行区，放置在上一个"鼠标点击目标"之后，详见图8-10。

使用左键单击表单上方的"编辑"按钮。

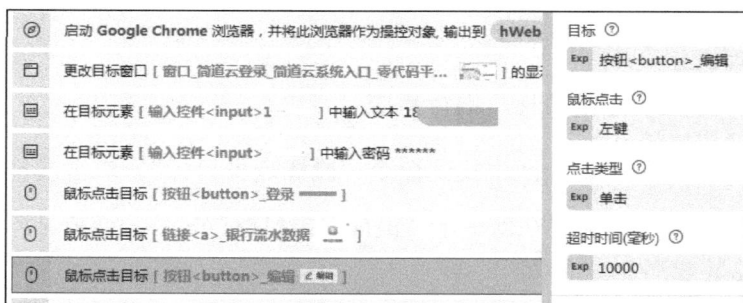

图8-10 点击目标—编辑表单

（3）点击目标—数据管理

在左侧命令区中找到命令"鼠标点击目标"，双击或拖入执行区，放置在上一个"鼠标点击目标"之后，详见图8-11。

使用左键单击表单编辑界面的"数据管理"按钮。

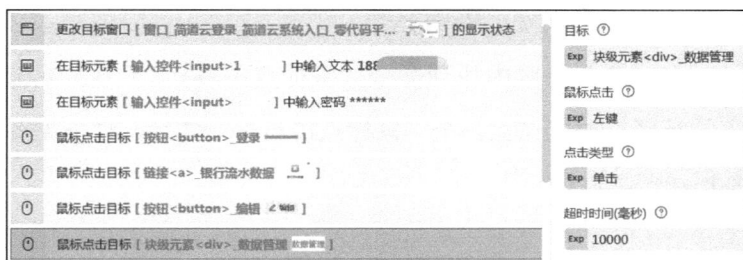

图 8-11　点击目标—数据管理

（4）点击目标—导出

在左侧命令区中找到命令"鼠标点击目标",双击或拖入执行区,放置在上一个"鼠标点击目标"之后,详见图8-12。

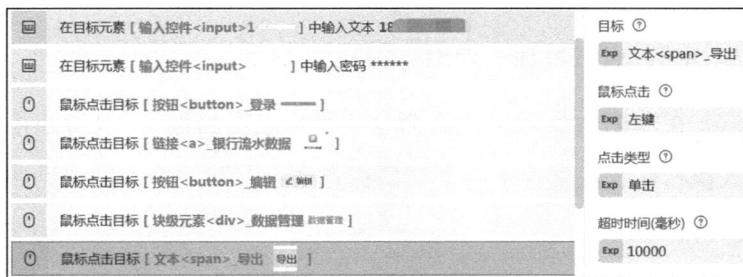

图 8-12　点击目标—导出

使用左键点击"导出"按钮。

（5）点击目标—全部数据

在左侧命令区中找到命令"鼠标点击目标"，双击或拖入执行区，放置在上一个"鼠标点击目标"之后，详情见图8-13。

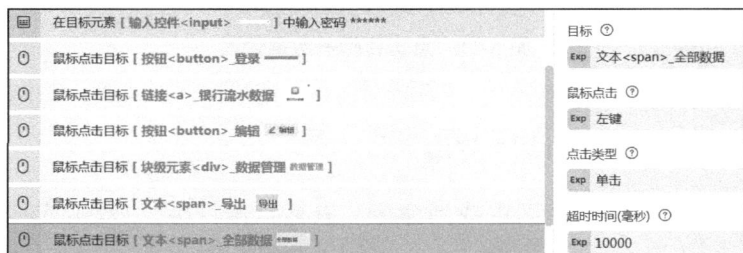

图 8-13　点击目标—全部数据

使用左键单击"全部数据"按钮。

（6）点击目标—导出

在左侧命令区中找到命令"鼠标点击目标"，双击或拖入执行区，放置在上一个"鼠标点击目标"之后，详情见图8-14。

使用左键点击"导出"按钮。

图 8-14　点击目标—导出

（7）点击目标—立即下载

在左侧命令区中找到命令"鼠标点击目标"，双击或拖入执行区，放置在上一个"鼠标点击目标"之后，详情见图8-15。

图 8-15　点击目标—立即下载

使用左键单击"立即下载"按钮。

（8）在目标中输入—保存路径位置

在左侧命令区中找到命令"在目标元素中输入文本"，双击或拖入执行区，放置在"鼠标点击目标"之后，详情见图 8-16。

图 8-16　在目标中输入 —保存路径位置

在右侧属性栏中，选择所需要输入路径的输入框作为执行元素；"写入文本"在此处即为保存的位置。如要将下载的数据文件以"银行流水 1226.xlsx"为名保存到电脑的 E 盘，则在"写入文本"处输入"E:\银行流水 1226.xlsx"。

（9）点击目标—保存

在左侧命令区中找到命令"鼠标点击目标"，双击或拖入执行区，放置在"在目标元素中输入文本"之后，详情见图 8-17。

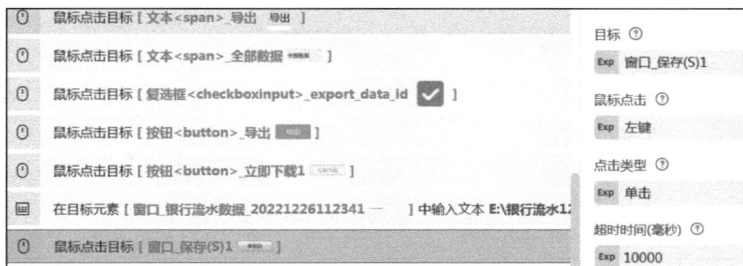

图 8-17　点击目标—保存

输入保存位置后，使用左键点击"保存"按钮。

注：至此完成了简单云模拟系统数据的下载工作。在实际工作中，可以根据银行网页的不同情况，使用"在目标元素中输入文本""鼠标点击目标"等功能，完成银行数据的下载工作。

3. 读取银行账单数据并构建为数据表

（1）打开 Excel 工作簿—银行流水 .xlsx

在左侧命令区中找到命令"打开 Excel 工作簿"，双击或拖入执行区，放置在最后一个"鼠标点击目标"之后，详情见图 8-18。

在右侧属性栏中，点击文件夹图标，选择需要打开的 Excel 工作簿，即下载下来的数据。也可以在"文件路径"

图 8-18　打开 Excel 工作簿—银行流水 .xlsx

中直接输入上一步骤中保存的位置直接打开。要注意，这里
需要精确到文件名，而不是文件夹名称。"打开方式"可以
根据所使用的电脑上安装的软件选择 WPS 或者 Excel。

（2）读取区域—读取内容

　　在左侧命令区中找到命令"读取区域"，双击或拖入执
行区，放置在"打开 Excel 工作簿"之后，详情见图 8-19。

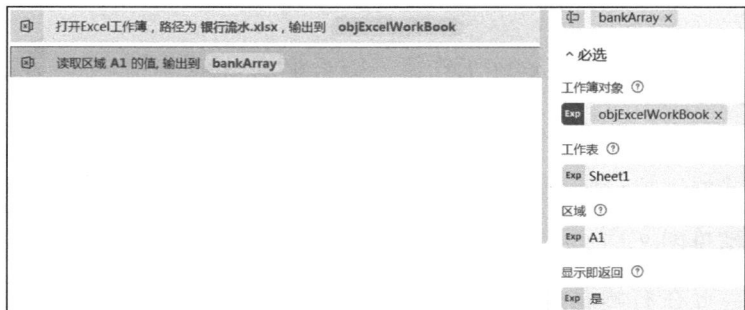

图 8-19　读取区域—读取内容

在右侧属性栏中的"输出到"项目下，填入结果变量"bankArray"；操作的"工作簿对象"是已打开的工作簿变量；"工作表"为"sheet1"；读取"区域"为"A1"，意为从"A1"单元格开始的全部内容。

（3）关闭 Excel 工作簿

在左侧命令区中找到命令"关闭 Excel 工作簿"，双击或拖入执行区，放置在"读取区域"之后，详情见图 8-20。

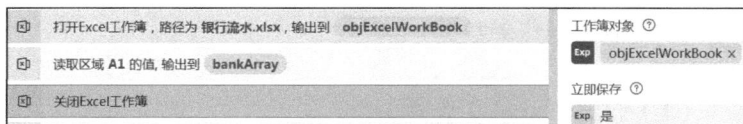

图 8-20　关闭 Excel 工作簿

一般情况下，每个打开工作簿的操作命令后，都需要有一个关闭操作。

（4）构建数据表—构建银行数据表

在左侧命令区中找到命令"构建数据表"，双击或拖入执行区，放置在"关闭 Excel 工作簿"之后，详情见图 8-21。

在右侧属性栏中的"输出到"项目下，填入结果变量"bankDatatable"；在"构建数据"项目下填入"bankArray"，抓取上一步读取到的银行数据；在"表格列头"项目下填入

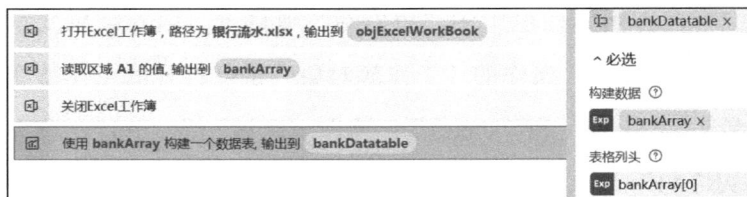

图 8-21　构建数据表—构建银行数据表

"bankArray[0]"，把读取到的银行数据的第一行作为"表格列头"。注：数组索引取值从 0 开始。

4. 读取日记账单数据

（1）打开 Excel 工作簿

在左侧命令区中找到命令"打开 Excel 工作簿"，双击或拖入执行区，放置在"构建数据表"之后，详情见图 8-22。

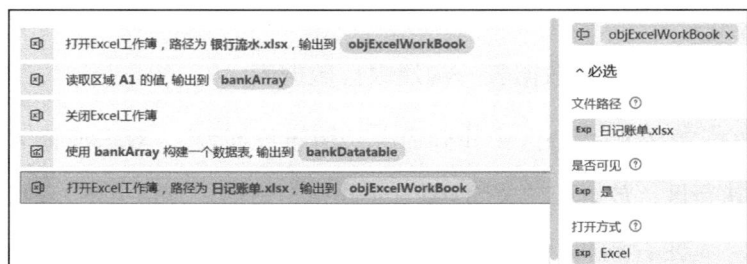

图 8-22　打开 Excel 工作簿

在右侧属性栏中，点击文件夹图标，选择需要打开的
Excel 工作簿，即财务本地流水文件。

（2）读取区域

在左侧命令区中找到命令"读取区域"，双击或拖入执
行区，放置在"打开 Excel 工作簿"之后，详情见图 8-23。

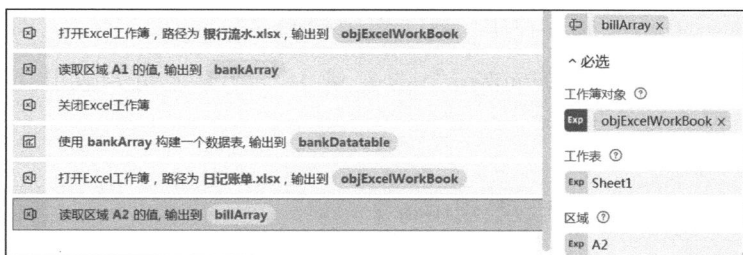

图 8-23　读取区域

在右侧属性栏中的"输出到"项目下，填入结果变量
"billArray"；操作的"工作簿对象"是已打开的工作簿变
量；"工作表"默认是"sheet1"，可根据实际情况进行修改；
"区域"可写入"A2"，意为读取从"A2"开始的所有数据。

5. 账单比对

（1）变量赋值—行数

在左侧命令区中找到命令"变量赋值"，双击或拖入执

行区，放置在"读取区域"之后，详情见图 8-24。

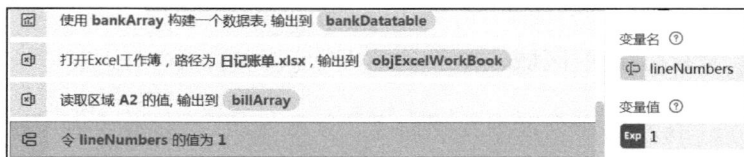

图 8-24　变量赋值—行数

在右侧属性栏中，将 1 作为初始"变量值"，存入"变量名"为"lineNumbers"的变量中。用于定位当前比对行数。

（2）依次读取数组中每个元素

在左侧命令区中找到命令"依次读取数组中每个元素"，双击或拖入执行区，放置在"变量赋值"之后，详情见图8-25。

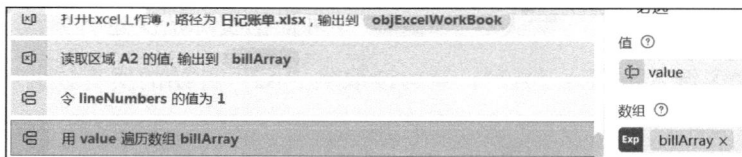

图 8-25　依次读取数组中每个元素

在右侧属性栏中，遍历"数组"变量"billArray"，将每个元素的"值"设置为变量"value"。依次把日记账单数据赋值给变量。

（3）变量赋值—行数累加

在左侧命令区中找到命令"变量赋值"，双击或拖入执行区，放置在"依次读取数组中每个元素"内部（后续命令如无特殊说明，均放置在本循环内部的上一个活动之后），详情见图 8-26。

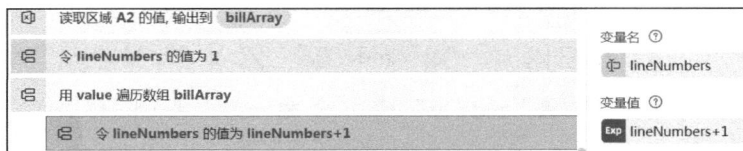

图 8-26　变量赋值—行数累加

在右侧属性栏中，将"变量值"设置为"1+lineNumbers"，存入"变量名"为"lineNumbers"的变量中。行数根据循环进行累加。

（4）数据筛选

在左侧命令区中找到命令"数据筛选"，双击或拖入执行区，放置在"变量赋值"之后，详情见图 8-27。

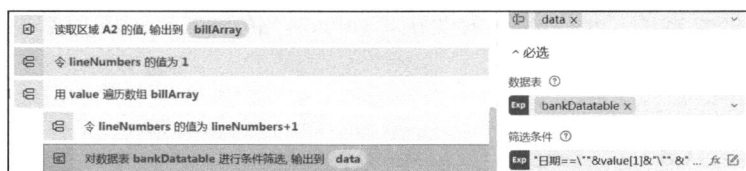

图 8-27　数据筛选

在右侧属性栏中的"输出到"项目下，填入结果变量"data"；在"数据表"项目下填入上述构建的数据表变量"bankDatatable"。

筛选条件切换为专业模式后填入筛选条件：（"日期 ==\""&value[1]&"\""&"and"&"交易账号 ==\""&value[4]&"\""&"and"&"借方金额 ==\""&value[5]&"\""&"and"&"贷方金额 ==\""&value[6]&"\""&"and"&"流水号 ==\""&value[8]&"\""）。

例如，"日期 ==\""&value[1]&"\""，其中的"value[1]"表示日记账单内交易日列，整个表达式的作用是判断银行交易日与日记交易日记录是否相等，后续条件与之类似，多条件用"and"拼接（"and"前后需有空格），"\"表示转义。

（5）获取行列数

在左侧命令区中找到命令"获取行列数"，双击或拖入执行区，放置在"数据筛选"之后，详情见图 8-28。

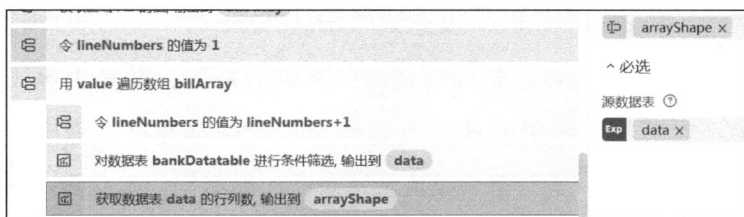

图 8-28　获取行列数

在右侧属性栏中，在"源数据表"内填入筛选后
的数据表变量"data"，在"输出到"内填入结果变量
"arrayShape"。根据行数进行后续判断，看日记账单是否存
在于银行账单内。

（6）如果条件成立（if）

在左侧命令区中找到命令"如果条件成立（if）"，双
击或拖入执行区，放置在"获取行列数"之后，详情见图
8-29。

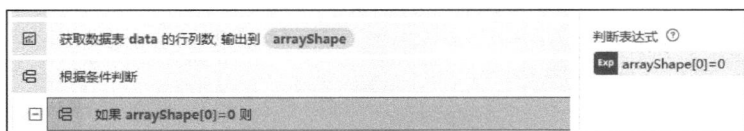

图 8-29　如果条件成立

在右侧属性栏中，在"判断表达式"一栏下输入

"arrayShape[0] = 0"；表达式 "arrayShape[0]" 表示获取行列数组内的行数，判断筛选后的数据表匹配行数是否等于0。如果日记账单的这一行数据与银行账单相符，则返回 "0"（False），进行下一条流水核对；如果不符，则返回 "1"（True），进行标注。

（7）设置区域颜色

在左侧命令区中找到命令 "设置区域颜色"，双击或拖入执行区，放置在 "如果条件成立（if）" 内部，详情见图 8-30。

在右侧属性栏中，操作的工作簿对象是已打开的工作簿变量。"工作表对象" 是 "sheet1"。"区域" 为动态变量拼接："" A "&lineNumbers&": J "&lineNumbers""。"颜色" 为 [255,0,0]，可根据实际情况修改颜色。

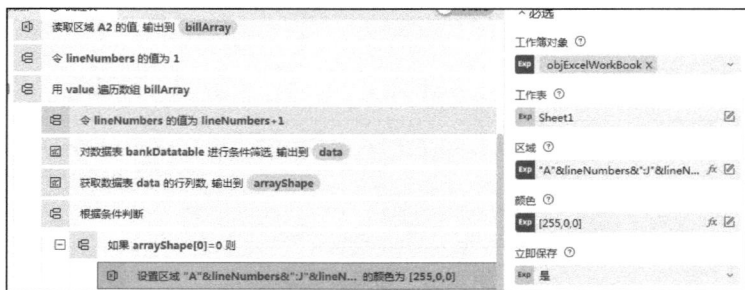

图 8-30　设置区域颜色

（8）关闭 Excel 工作簿

在左侧命令区中找到命令"关闭 Excel 工作簿"，双击或拖入执行区，放置在"依次读取数组中每个元素"外部，与该循环同一级，详情见图 8-31。

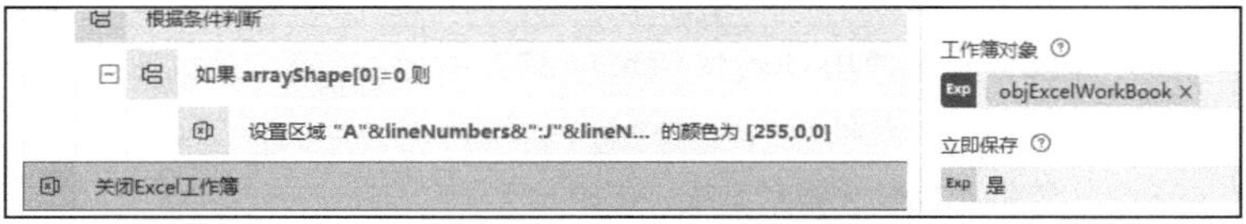

图 8-31　关闭 Excel 工作簿

整个应用的运行结果如图 8-32 所示。

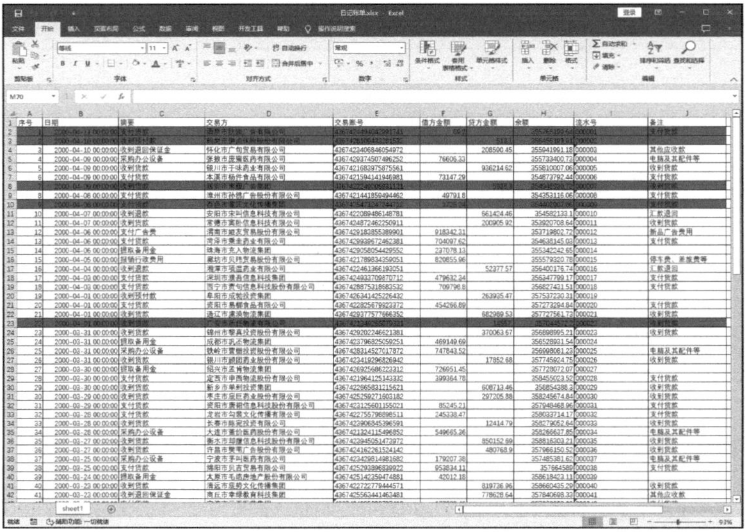

图 8-32　运行结果

8.4　应用评价

表 8-2　跨平台对账评价表

序号	评价清单	完成情况	分值
1	能够正常打开指定 Excel 工作簿		10
2	能够正常使用 Google Chrome 浏览器打开指定页面		10
3	能够正确登录银行系统（简道云）		15
4	能够正常下载银行流水数据到本地		20
5	能够将银行流水数据构建为数据表		15
6	能够正常将日记流水账单跟银行流水账单进行核对		30
总计			100

8.5　思考与拓展

（1）核对完成后，如需直接把相关数据文件发送给相关工作人员（以发送邮件为例），应当如何发送？

（2）文件下载需要一定时间，如何保证下载完成后再进行下一步操作？

（3）浏览器打开后，如存在其他弹窗（广告或温馨提示等），应当如何处理？

第九章

用财务大数据做
企业投资与盈利分析

○ 【思维导图】

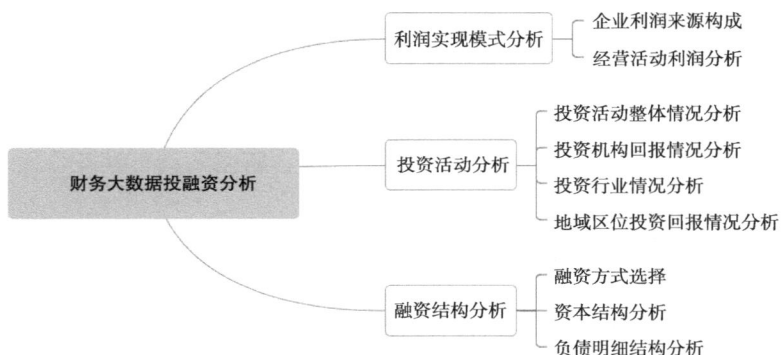

图 9-1　用财务大数据做投融资分析的思维导图

　　企业通过投资让资金发生流动，资金在不断流动中获利。企业利润的来源有很多，不同活动创造的利润会在期末的利润表中得以体现。

　　按投资对象的存在形态和性质，投资可以划分为项目投资和证券投资。就一般企业而言，项目投资活动是指企业的主体经营业务，即投资于实体业务，比如从事采购、生产、销售等业务的制造性企业，及从事商品流通业务的企业，像京东、亚马逊等。证券投资活动指投资于股票、证券等的活动。本节我们将结合 FineBI 可视化平台，从财务报表中分析企业利润的构成与来源。

9.1　案例问题描述

E 铭公司主营电子连接器和精密组件的研发、制造和销售业务，产品广泛应用于家用电器、计算机及外围设备、通信、智能手机、LED 照明、智能汽车、新能源汽车等各个领域，具体业务产品如下。

消费电子领域：主要包括家电连接器、电脑连接器、LED 连接器、通信连接器、FPC 等。

汽车领域：主要包括汽车连接器及线束、新能源汽车车载充电模块（OBC）、车联网组件、安全和报警传感器、汽车电子器件等。

如今企业在做了一些项目投资之后，盈利状态始终不稳定，假设你作为分析团队一员，将会如何进行数据分析呢？

在进行分析的时候，你需要对经营活动利润来源和盈利稳定性情况进行分析，找到问题定位，在此基础上结合具体情况给出建议。

利润实现模式分析可视化预计效果如图 9-2 所示。

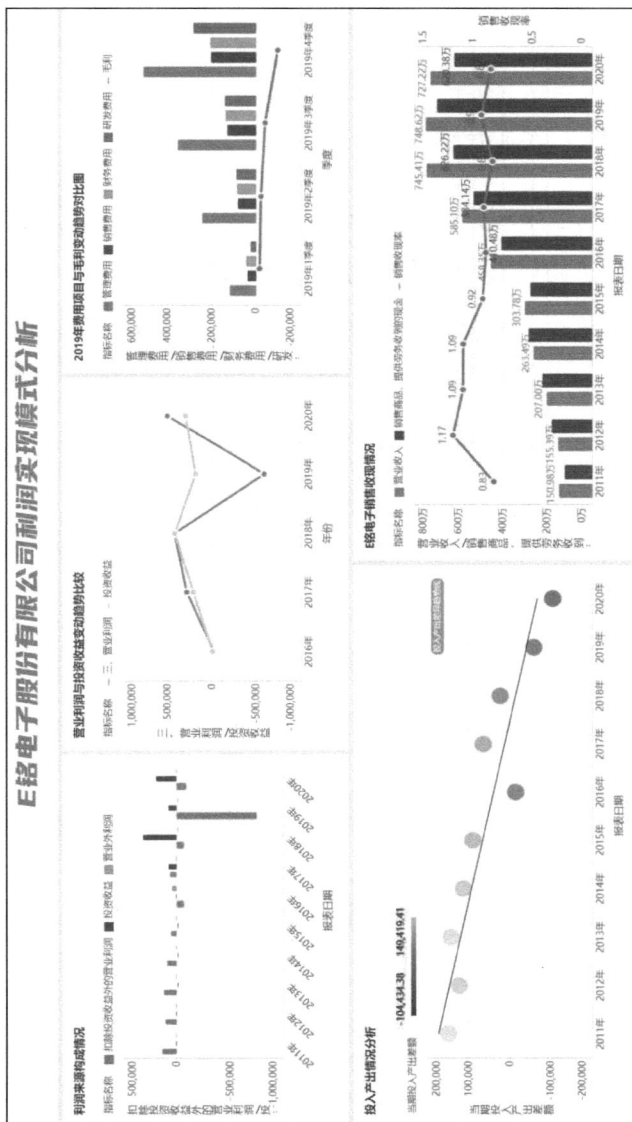

图 9-2 E 铭电子股份有限公司利润实现模式分析可视化预计效果图

9.2 案例任务实施

1. 企业利润来源构成

企业的利润来源大致可以分为三种：一是依靠企业日常的主体经营活动获取的经营利润；二是通过企业投资活动产生的投资收益；三是企业的营业外收入，例如固定资产或无形资产盘盈、罚款收入等。

E 铭公司 2020 年利润表如表 9-1 所示。

表 9-1　E 铭公司 2020 年利润表

单位：元

报表日期	2020 年
一、营业总收入	7272228.52
营业收入	7272228.52
二、营业总成本	7411418.94
营业成本	6219574.03
税金及附加	34756.05
销售费用	136283.84
管理费用	457016.94
财务费用	218383.49
研发费用	345404.60
资产减值损失	0.00
公允价值变动收益	0.00

（续表）

投资收益	193405.33
其中：对联营企业和合营企业的投资收益	33413.18
汇兑收益	0.00
三、营业利润	107830.81
加：营业外收入	39317.91
减：营业外支出	37814.39
其中：非流动资产处置损失	0.00
四、利润总额	109334.33
减：所得税费用	44444.16
五、净利润	64890.17

由表 9-1 中净利润的计算过程可以看出，企业的净利润中包含营业利润，以及营业外收入与支出形成的营业外利润。同时，营业利润中包含企业自身经营创造的利润以及投资收益贡献的利润。一般而言，营业外收支业务和投资收益创造的利润不及企业自身经营活动创造的利润具有稳定性和持续性。所以，对非金融类上市公司来说，若投资收益占净利润比例过高则值得警惕。当然也并不绝对，资本市场中也存在一小部分大量对外投资的公司，比如复星医药，其投资收益对公司业绩存在重要影响。

（1）利用堆积柱形图分析企业利润来源构成情况

（a）在"公共数据"中导入数据源，选择"E 铭电子利润表"，创建分析主题"E 铭电子股份有限公司利润实现模式分析"。添加组件，新增指标 1"扣除投资收益外的营业利润"，计算公式为：扣除投资收益外的营业利润 = 营业利润 – 投资收益。添加指标 2"营业外利润"，计算公式为：营业外利润 = 营业外收入 – 营业外支出。

（b）将"报表日期"拖放到横轴，将"扣除投资收益外的营业利润""投资收益"和"营业外利润"拖放到纵轴，图表类型选择为多系列柱形图。点击"扣除投资收益后的营业利润"指标的下拉框，选择"特殊显示"—"闪烁动画"，添加条件"扣除投资收益后的营业利润 <0"，如图 9-3 所示。

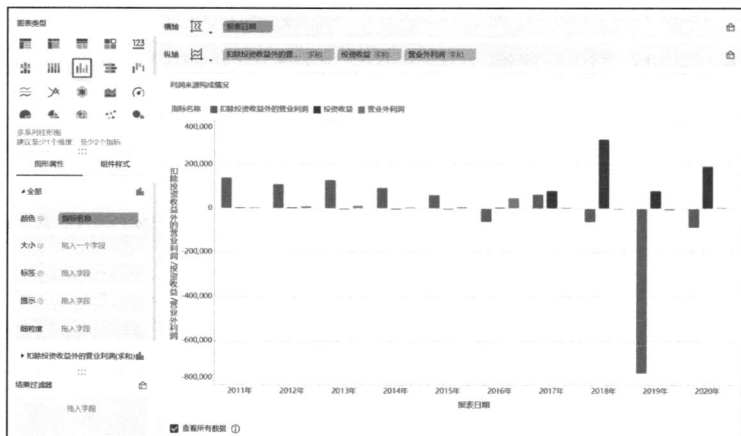

图 9-3 利润来源构成情况

由可视化图表中可以看出，2019 年扣除投资收益后的营业利润最低、占比最大，且为负值。造成营业利润较低的原因除了投资收益外，还有很多其他要素。比如营业收入、营业成本、各项期间费用、研发费用等，接下来我们可以进行钻取分析，分析影响 2019 年年度利润的主要因素。

（2）利用折线图比较分析营业利润与投资收益的变动趋势

（a）选择"2016—2020 季度利润表"，添加组件，将维度中的"季度"拖放到"年份"上，创建钻取目录，如图 9-4 所示。

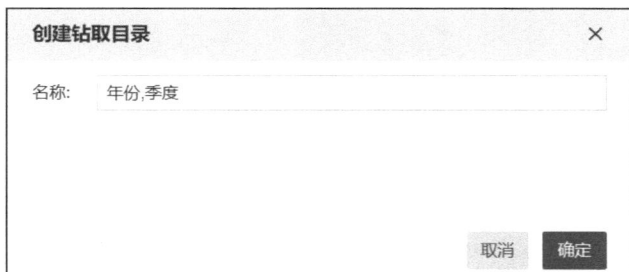

图 9-4　创建钻取目录

（b）将钻取目录拖放到"维度"，营业利润和投资收益拖放到"指标"，图表类型选择为"多系列折线图"。将表名设为"营业利润与投资收益变动趋势比较"，如图 9-5 所示。

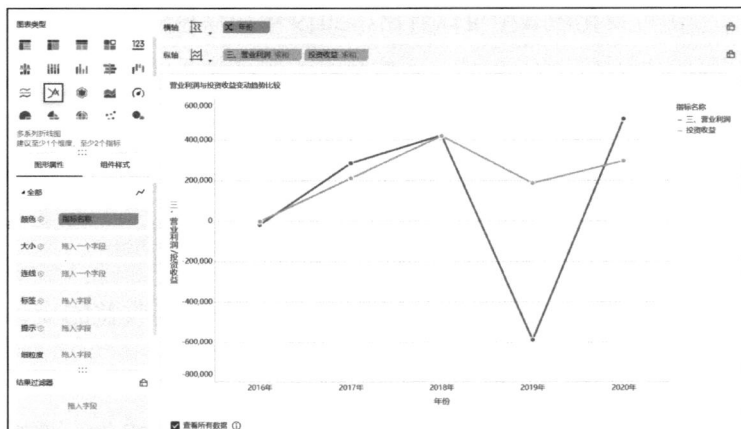

图 9-5　营业利润与投资收益变动趋势比较

（c）点击图中 2019 年营业利润的节点，向下钻取，可以看到 2019 年全年各季度的变动趋势，如图 9-6 所示。

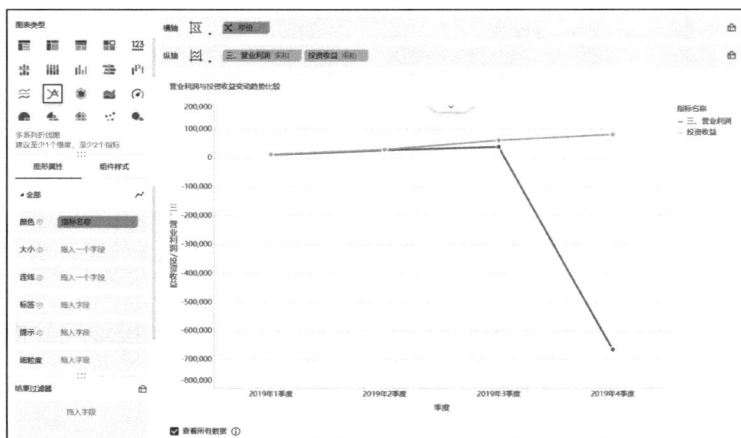

图 9-6　2019 年全年各季度的变动趋势

从图 9-6 可以看出，2019 年投资收益变动平稳，而营业利润却在第四季度近乎直线下降，说明营业利润的下降并不是投资收益造成的，接下来分析各项费用。

（3）利用组合图比较分析费用项目与毛利变动关系

在企业实际业务中，各项费用的开支与控制对企业财务管理的影响非常大，接下来在分析各项费用时，引入一个财务指标。

毛利 = 营业收入 – 营业成本

借助于毛利指标，与各项费用变动趋势进行对比，我们可以分析费用的合理性。

（a）选择"2016—2020 季度利润表"，新增指标"毛利"（营业总收入 – 营业总成本），如图 9-7 所示。

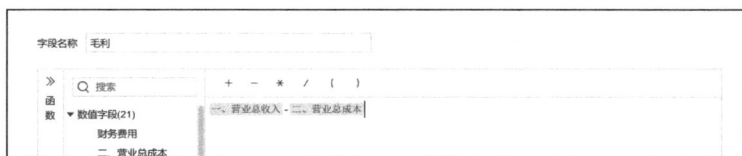

图 9-7　添加计算字段

（b）将钻取目录拖放到横轴，销售费用、财务费用、管理费用、研发费用和毛利指标拖放到纵轴，选择自定义图表，将毛利的图表类型设置为线，表名设为"2019 年费用项目与毛利变动趋势对比图"，如图 9-8 所示。

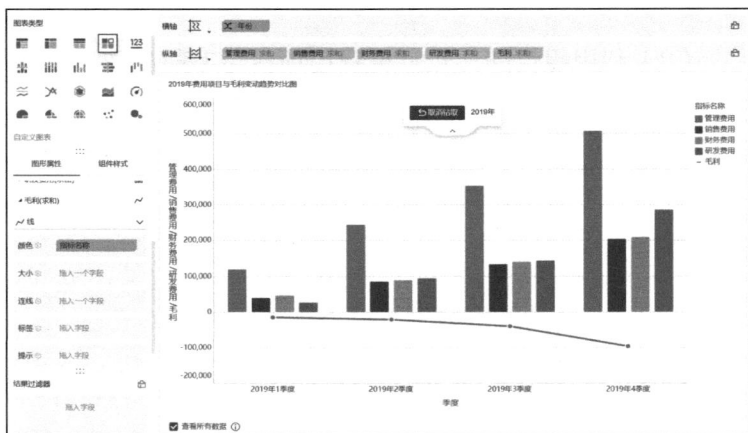

图 9-8　2019 年费用项目与毛利变动趋势对比图

从图 9-8 中，我们可以直观地看出，2019 年各项费用都在上升，但这并没有使毛利金额增加，尤其是企业的管理费用，增速较快。由此，可以看出企业的费用管控仍需进一步完善，若要进一步挖掘费用的大额开支项目，可以结合实际，一步一步向下不断分析。

2. 经营活动利润分析

（1）利用散点图分析营业利润中的投入产出情况

企业在经营活动中会有各种投入，比如各项成本费用。就一般制造性企业而言，产品在生产车间内对应的直接材料、直接人工、制造费用的核算与归集，在完工入库后会被计入"库存商品"。除此之外，还有销售费用、管理费用、财务费用、研发费用等各项费用的投入。而只有在产品销售出去之后，企业才有可能获取资金流入，为企业下一轮生产发展提供活力。

（a）在 FineBI 平台中，选择"E 铭电子利润表"。在利润实现模式分析仪表板中添加组件，选择利润表作为数据源，分别添加指标 1（经营投入量 = 营业成本 + 销售费用 + 管理费用 + 财务费用 + 研发费用），指标 2（当期投入产出差额 = 营业收入 – 经营投入量）。

（b）将"报表日期"拖放到横轴，将计算指标"当期投入产出差额"拖放到纵轴。图表类型设定为散点图，并将计算指标拖放到"图形属性—颜色"中，选择颜色对比较明显的渐变配色方案"夕照"，如图 9-9 所示。

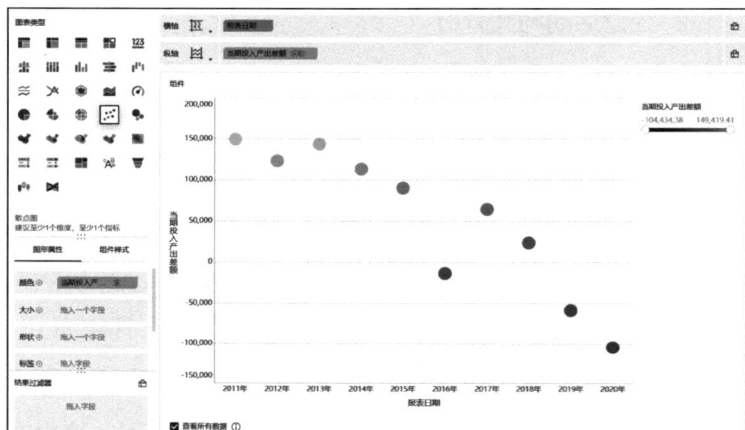

图 9-9　设置图表

（c）点击"当前投入产出差额"字段的下拉按钮，选择
"设置分析线"，再点击"趋势线"选项，弹出趋势线设置窗
口。点击"添加趋势线"按钮，将名称设为"投入产出差异
趋势线"，拟合方式选择"线性拟合"，如图 9-10 所示。

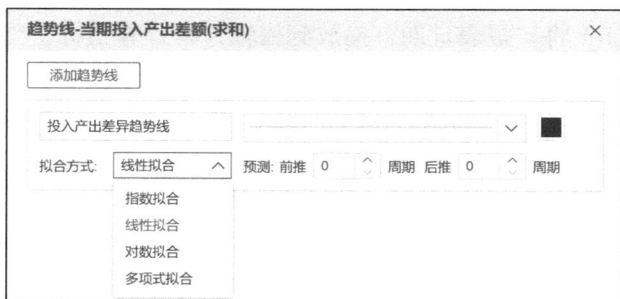

图 9-10　添加趋势线

（d）将图命名为"投入产出情况分析"，如图 9-11 所示。

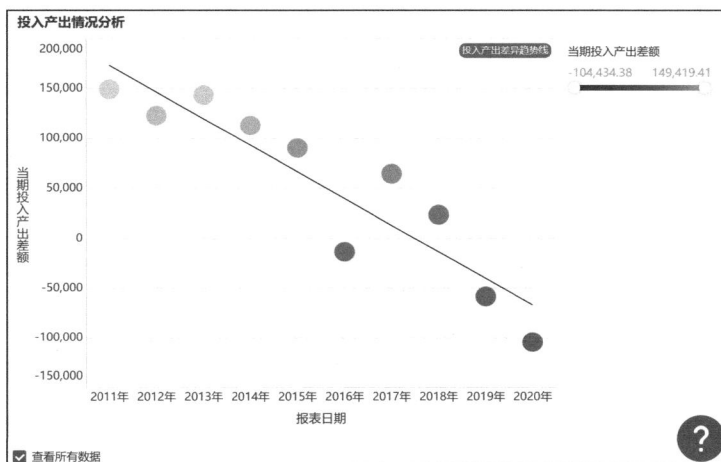

图 9-11 投入产出情况分析散点图

从图 9-11 可以清晰看出，近 10 年来经营投入量获取的营业收入的比率持续走低，在 2019 年以前，营业收入能够超过当年成本费用的经营投入量。但在 2019 年之后，当期投入产出差额为负值，说明当期成本费用的经营投入量已超过当期营业收入，回归报表数据，可以得出结论，原因是近两年不断加大研发投入。

在添加趋势线时注意，特定类型的数据具有特定类型的趋势线。要获得最精确的预测，为数据选择最合适的趋势线非常重要。趋势线的拟合方式主要有以下四种。

指数拟合：指数趋势线适用于增长或降低的速度持续增加，且增加幅度越来越大的数据集合。

线性拟合：线性趋势线是适用于简单线性数据集合的最佳拟合直线。如果数据点构成的趋势接近于一条直线，则数据的变化应该接近于线性。线性趋势线通常表示数值以恒定的比率增加或减少。

对数拟合：如果数据一开始增长或降低幅度比较快，之后逐渐趋于平缓，那么对数趋势线则是最佳的拟合曲线。

多项式拟合：这是数据波动较大时使用的拟合曲线。多项式的阶数是由数据波动的次数或曲线中的拐点的个数确定的，判定方式也可以由曲线的波峰或波谷确定。

（2）利用组合图分析企业销售收现能力

在会计处理当中，企业将商品销售出去，无论货款有没有收回，都会确认计入"营业收入"项目中，而实际业务中，销售活动的发生能不能产生资金回流直接影响企业后续的发展状况。故一般来说，在看企业营业收入项目的同时，还要观察利润表中"销售商品、提供劳务收到的现金"项目，来判定企业销售活动的质量。

（a）在 FineBI 平台上，在公共数据中导入"E 铭电子现金流量表""E 铭电子资产表"。选择"E 铭电子利润表"，点

击"关联视图",将资产负债表、利润表和现金流量表以 1:1
的对应关系,通过"公司名称"和"报表日期"两个字段关
联到一起,如图 9-12 所示。

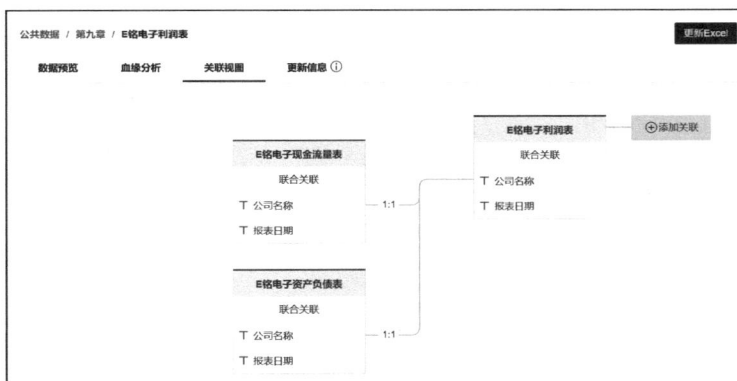

图 9-12 关联资产负债表、利润表和现金流量表

(b)在"数据"中进行数据加工,选中"E 铭电子利润
表",添加左右合并,合并"现金流量表",选择现金流量表
中的"公司名称""报表日期"和"销售商品、提供劳务收
到的现金"字段后,合并方式为左合并,如图 9-13 所示。

(c)点击下方的"+"号,选择"新增公式列",新增列
名,填写"销售收现率"作为指标名称,运算公式为"销售
商品、提供劳务收到的现金 / 营业收入",并将字段类型改
为数值,点击确定,保存并更新。

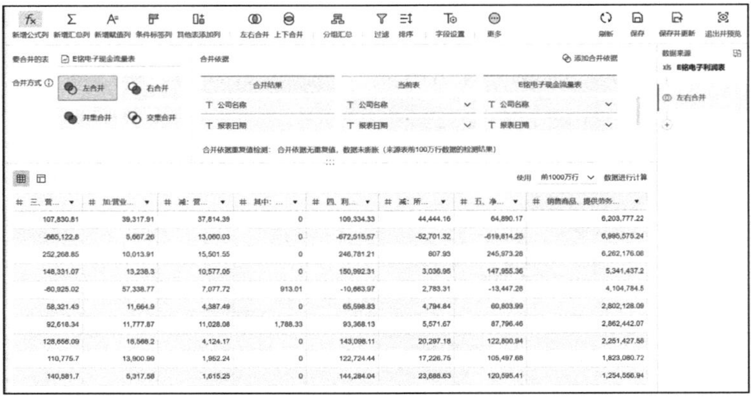

图 9-13　左合并

（d）添加组件，将左侧的"报表日期"拖放到右侧的维度栏，将"营业成本""销售商品、提供劳务收到的现金"和"销售收现率"拖放到指标栏，如图 9-14 所示。

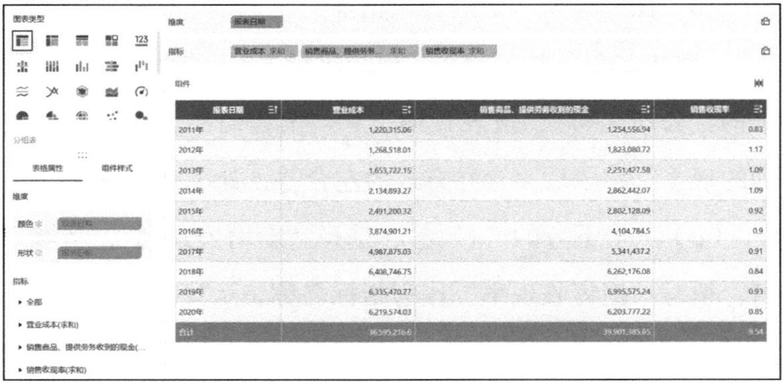

图 9-14　设置图表

（e）点击图表类型中的"自定义图表"，点击"销售收现率"。在图形下拉框中选择"线"。点击纵轴右侧下拉标，选择"指标聚合"后，点击"销售收现率"右侧下拉框，点击"设置值轴"，选择"右值轴"，如图 9-15 所示。

图 9-15　设置轴值

（f）在左侧图形属性中，点击"全部"，将左侧指标栏的"销售收现率"拖进图形属性中的"标签"，折线上方会显示每个节点对应的指标数值。用同样方法切换到"营业收入"柱状图,将左侧指标栏的"营业收入"拖到标签栏,柱状图中会显示对应金额。点击图上方的标题栏,输入"E铭电子销售收现情况"后,点击"保存",如图9-16所示。

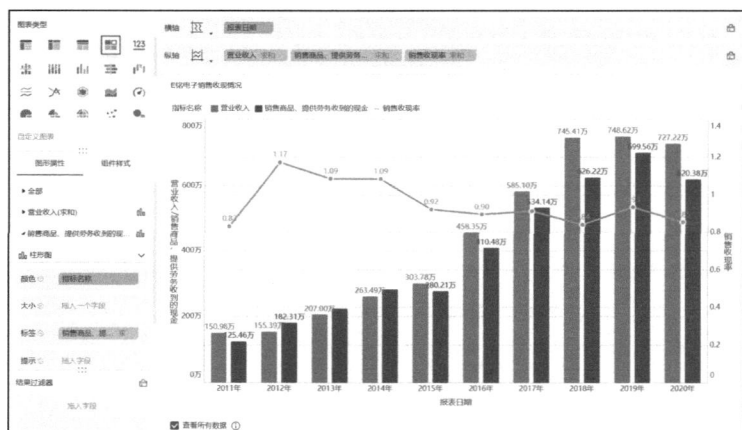

图 9-16　设置图表属性

从可视化呈现的图形(见图9-16)中,信息使用者可以直观地看出E铭公司近10年在销售收现能力方面的变化趋势。由图9-16可以看出,近5年的销售收现率存在小幅波动,但销售收现率都高于80%,总体尚属正常情况。

9.3 提出建议

本节任务是对企业利润实现模式进行分析，旨在为保证企业在项目投资后能够获取高质量且具有稳定性的利润成果。

在对 E 铭公司进行一系列的分析之后，我们可以发现它在费用控制方面有待提升，尤其是目前管理费用增速过快。所以，企业在接下来的经营活动中应着重加强费用管控。

对于费用管控，其根本任务就是在不影响企业日常经营活动的前提下开支有度。首先，制定严格的预算标准，可根据企业实际情况选择恰当的管理费用预算控制制度。其次，严格审查、控制招待费和差旅费，加强内控管理，梯级定标，以达到降本增效的目标。

附录一　财务大数据分析的课程与专业改革

1.怎么开"财务大数据分析"这门课

随着大数据技术的飞速发展，企业对于数据分析的需求日益增长。财务专业人士不仅需要具备扎实的财务知识，还要掌握数据分析技能，以便更好地服务于企业运营和资本保值增值。为此，我们精心设计了一门"财务大数据分析"课程，旨在帮助学生掌握这一关键技能。

开这门课，要想对得起"大数据"这三个字，首先就是不能搞成财务报表分析。经过三年多的实践和摸索，我们认为开设这门课程有以下六点需要注意。

（1）注重数据真实性

财务报表可能存在虚假信息，因此在分析时需要确保数据的真实性。我们的课程将教导学生如何辨别真实数据，避免在错误的数据基础上进行分析。

（2）多样化的数据类型

我们的课程涵盖了内部控制、运营、投融资和财务四个方面的数据分析。这样的设计有助于学生全面了解财务数据分析在各个领域的应用。

（3）必须结合实际应用

针对我校学生毕业后大多在小微企业就业的实际情况，课程前五章加入了一个零代码流程搭建工具，用于收集小微企业的数据。这是一个简易版的企业 ERP 系统，便于学生实际操作。

（4）精选业财分析案例

课程将涵盖企业经营、内部控制、财务和投融资的分析案例。虽然无法涵盖所有案例，但我们会挑选具有代表性的案例来拓展学生的思路。

（5）规范标准操作流程

课程教材的第六章定义了财务数据分析的标准操作流程，包括案例分析步骤、结果呈现方式以及如何给出分析建议。成功的财务大数据分析应以实际为企业提质增效为目标。

（6）面向实战的工具选择

我们鼓励学生根据实际需求选择合适的数据分析工具。除了相对有一定学习门槛和难度的 Python 的 Pandas 库外，我们还介绍了各种国产的 BI 拖拽工具，既自主可控又可以让学生"学得会，用得上"，能够切实帮助学生更高效地完成数据分析任务。

"财务大数据分析"课程内容的设置方法，是从两个根本事实出发的，一是高职院校学生毕业后大多数在小微企业工作；二是高职学生在学习编程语言方面的接受能力。要说是为了培养具备关键技能的未来财务精英，有点言过其实，但从专业和课程的改革角度来说，这又是很有意义的一小步。

当然，这仅仅是一些我们自己小小的思考，不是标准。课程体系到底应该是别人做好了平台和内容我们直接用，还是我们依据学生的实际情况自己开发，要看我们自己的选择。

前者很省事，但可能在实践中用不上；后者路比较难走，但是值得。

2. 大数据与财会类专业改革——这些年我们踩过的"坑"

大数据与财会类改专业革落地的两个关键点：一个是逻辑，另一个是数据。

这就引发了两个问题：一是逻辑思维的教学应该如何开展；二是数据思维体系如何确立。

对第一个问题来说，Python 有着最接近人类语言体系的 IT 逻辑；对第二个问题来说，数据库是财务作为企业数据中心的根本基石。

现在的我们经常在踩"坑"，而所有的"坑"，都源自我们对以上两个关键问题的理解不够透彻。

第一个"坑"和 Python 有关。

Python 如果只用来解决财务中的计算、数据分析和可视化呈现问题的话，和其他专业工具比较起来，其学习成本、方便程度及用户普及程度都不占优势。Excel 和 BI 工具，再加上财务数据中心理念下的数据库，就够用了。

Python 唯一的优势就是能够把计算机编程的逻辑理念，用目前为止最接近人类的语言讲明白。简单来说，就是能让商科的学生明白，什么是数据的分类、判断和循环。从这个意义上讲，我觉得任何一个能达成这三个知识技能点的工具其实都可以选择，只不过目前我只找到了 Python。

但是如果一直只用 Python 处理数据、作图、爬数据，那必定会让学生感觉掌握不了什么实用技能。

第二个"坑"和 BI 工具有关。

大家都喜欢用 BI 工具做花花绿绿的图，但是对于 BI 工具处理数据过程的规范程度，处理数据过程的准确性，后台数据库的架构和处理数据的能力，就很少关注。对 BI 工具的选择应该看企业级别的应用，看后台的数据库架构是否完备、规范和可靠。

第三个"坑"是爬取数据。

这一点与 RPA 机器人和 Python 相关。但是随着爬取数据相关法律法规的逐步完善，这个技能的风险是在不断累积的。

第四个"坑"是对数据分析的基本认知问题。

"爬取—清洗—作图"三步骤深入人心，但我认为，这个流程缺少了最关键的两个环节：一是寻找什么样的数据，二是有没有依据分析给出切实可行的建议。缺了这两点的数据分析，无异于缘木求鱼。数据分析的根本目标只有四个关键词：发现、描述、预测和给出建议。偏离了这四点的分析几乎是毫无意义的。

第五个"坑"是常识与逻辑的问题。

"事实和观点""因果关系与相关关系""如何抓住问题

的核心关键""如何提出一个好问题""我们常见的逻辑误区有哪些",等等,这些是财务专业人员该学会的基本技能,然而现在很多人会忽视这一点。

当以上这些"坑"都能很好地避开时,大数据与财会类专业改革才能真正走上正轨,而这个弯路,可能要走五年。

3. 从设想到现实——三个维度建专业

2021 年 4 月,在新专业目录出来的次月,我提出了三个维度建专业的设想,当时还画了一张草图(见图附 1-1),我个人感觉最大的一个痛点是"隔行如隔山",IT 部门和财务部门之间的沟通交流很困难。所以我将"Python 财务基础"课程的目标定位成"打通 IT 与财务的最后一公里"。

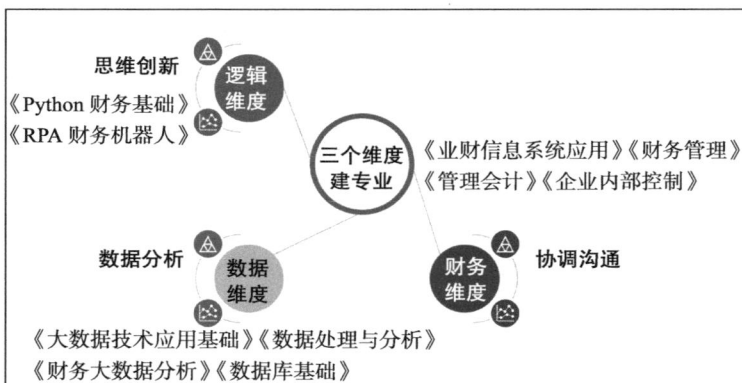

图附 1-1　三个维度的逻辑关系

"Python 财务基础"课程主要针对的是争议最多的 Python 对财务有没有用，以及需不需要引入财务的问题。现在市面上关于 Python 做财务分析的书已经非常多了，很多编者或者公司更多地把精力花在了用 Python 去解决财务中的问题上，这就导致 Python 看起来更像是一个"大号"的 Excel，能解决各种计算和作图问题，只不过似乎反而烦琐了很多。学生和老师在学习过程中的思考则是："为什么非要用这个？用 Excel 不行吗？"

新的专业课程标准中还有一门课是"大数据技术应用基础"，很多相关教材直接就讲 Python，其作者潜意识里认为 Python 就代表了大数据，大数据就必须要用 Python。

我在写《Python 财务基础》这本书时，在学生和老师中间分别做了实验。2020 年 7 月，我们组织老师一起学习 Python，但是刚讲到判断流程就发现推行不下去了。后来，我在 10 月底从 500 名新生中挑选了 20 位学生开始培训，依然是在计算机的流程上有障碍，就算流程的设定能学会，最终又卡在了函数上，更不用说后面的类、封装、多态和继承了。而当时人们还没有发现 Python 在财务中到底有哪些具体的应用。

痛定思痛，我开始反思，到底是哪里出了问题。后来我发现了财会类专业和计算机专业学生思维方式上的差异之处，于是把教材的内容转到重点关注具体的趣味应用和计算机的逻辑思维方式上来。全书代码力求简单，每个应用的代码限制在 6 行以内。不讲复杂的知识点，主要讲计算机的数据分类方法，判断和循环流程，Pandas 的简单应用，简单爬取数据，以及如何自动化批量处理 Office 文档等内容。

所以从一定程度上讲，《Python 财务基础》这本书主要就是流程图 + 计算机逻辑思维方式的讲授，Python 恰好是个载体，适逢其时而已。如果时间往前推十年，我们讲的可能就是 Java。

解决了计算机逻辑维度的基础课程，后面的 RPA 课程的设立就顺畅多了。关于这门课程，大家似乎没有争议，都觉得要开。即使有争议，也只是选择哪一个 RPA 工具的问题。

整体来讲，逻辑维度算是立住了。

接下来就是数据维度的改革。这一维度与逻辑维度比较起来，由于有 Excel 在财务中应用课程的开设基础，大家接受起来比较容易。唯一的难点还是在"大数据是什么""财务中到底需要什么样的大数据"的问题。这里有两门核心课程需要解决，一个是"大数据技术应用基础"，一个是"财务大数据分析"。对于前者，市面上的教材普遍和 Python 有关，我们则针对学生数据思维教育缺失的现状，开发了《数据思维训练》教材，后来演化发展成《大数据技术应用基础》教材。我们尝试了很多大家在生活和工作中具体用到的工具，利用小工具解决大问题，帮助学生建立数据思维。这里其实还有一个插曲，我们学校的一位领导在 2021 年初提出了"数商"的概念，并准备把数商和情商等并列到一个高度，成为高职院校学生大数据时代的必修公共基础课。《大数据技术应用基础（商科版）》的出版，也算是对这个提议的一个交代。

"财务大数据分析"课程的改革也是一步一个坎，我们踩了很多坑，但是由于一开始就坚定了不能开成财务报表分析的可视化课程，所以在尝试了很多 BI 和 ETL 工具后，选择了大家更容易接受的零代码和国产自主可控的 FineBI。

这样我们课程的数据维度也就建立起来了。

而关于财务维度，说实话一开始我没想好怎么去改。但是历经两年对财会类专业的核心专业课程的研读之后，我发现了更好的切入点。具体我已经在《会计信息系统》《数据库基础》《管理会计》和《企业内控》的相关文章中讲述了，这里就不再赘述。改革的初衷一直都没变，就是把工作岗位中的具体任务，平行迁移到课程里来，让学生学习以后可以真正用得上。

三个维度建专业的提法可能并不科学，也不完善，但是从 2021 年 4 月至今，基本的理论框架和实际的具体课程都搭建完成了。这也算是给整个大数据与财会类专业改革，提出了一个切实可行、经过实践检验的路径与方案。下一步就是考虑这样的改革思路，能不能平行迁移到财经商贸大类的其他学科了。

这可能是更有意义的一件事，受益的学校和老师可能会更多。

4. 专业课程改革经历的三个阶段

第一个阶段是专业改革探索期。在这一阶段，我着重考虑了"Python 财务基础"课程的研发，到底应该偏向财务应用，还是偏向计算机逻辑思维的渗透。提出三个维度建专业理念时，核心课程的内容、新工具的引入并没有考虑成熟。

第二个阶段是专业改革成熟期。新课程中引入的工具已经经过我们至少一轮的授课，得到了验证。

第三个阶段是专业改革推广期。在这一阶段中，我们把要使用的工具，详细的课程内容，教材框架都完整搭建好了，但是还没有推广。

所以现阶段的难处就变成，如何邀请头部有影响力的院校参与进来共享改革成果。这时候我们面临的最大问题，就成了头部院校对这套专业改革理念认可与否，以及愿不愿意参与进来。专业改革需要通过团结更多的力量共同推进、共享成果来实现。

5. 新课程谁来讲

专业改革中，新课程的推广和实施常常面临着许多挑战。其中，教师对新课程的接受和执行是一个核心问题。新的课程往往意味着新的知识、新的方法，甚至新的教学理念，这对教师来说是一个巨大的挑战。

众所周知，在新的知识领域中前行困难重重，只能从ABC学起，感觉自己的智力都退化了。但是，如果不去学习新知识，那么未来将很难有出路。

新专业改革其实提供了一个契机。

所以上不上新课，对大多数老师来说，更像是要不要重新建立自己的独特知识体系，成了一个艰难的抉择。

首先，新的课程往往需要教师具备相关的新知识和技能。在信息化时代，教育领域的知识和技术更新换代速度非常快，教师需要不断学习和掌握新的知识和技能，才能更好地适应新的教学需求。这对于一些年龄较大、知识结构较为传统的教师来说，无疑是一个巨大的挑战。

其次，新的课程往往需要教师改变原有的教学方式和观念。新课程强调学生的主体地位，注重学生的全面发展和实践能力的培养，这与传统的以教师为中心的教学方式有很大的不同。一些教师可能难以适应这种转变，需要克服一些固有的教学观念和习惯。

最后，教师上新课还需要面对一些实际困难。例如，缺乏相关培训和指导、教学任务繁重、对新技术有抵触心理、工作环境和资源条件有限等。这些因素都会影响教师对新课程的实施效果和积极性。

为了解决这些问题，学校可以采取一些措施来支持教师上新课。

首先，提供相关的培训和指导，帮助教师掌握新的知识和技能，提高他们的教学水平。

其次，为教师提供更多的资源和支持，例如教学设备、教学材料、技术支持等。

同时，加强与教师的沟通和交流，了解他们的困惑和困难，及时给予帮助和支持。

最后，教师自身也需要积极面对新课程的挑战。他们需要保持一种求知的心态，不断更新自己的知识结构和方法论。同时，教师也需要加强对新技术的学习和应用，提高自己的信息化素养和技术水平。只有这样，他们才能够在不断变化的教育领域中保持竞争力，为学生的成长和发展做出更大的贡献。

从我个人角度出发，我强烈建议教师上新课。新课程意味着新的领域，开拓者往往有最美最甜的果实。实施新课程对我们的教学工作、职业发展以及实现教育目标都具有重要的意义。我真诚地希望教师们能够积极参与到新课程的实施中来，共同为大数据与财会类专业改革贡献力量。

附录二 财务专业的教学改革与实践

1.平台、教师和课程

如今，各个学校对专业改革关心的角度都有所不同，但是，问题大多集中在平台、教师和课程上。

（1）平台

作为职业教育机构，职业院校的课程体系却越来越多地受到教育平台类公司的影响。这些公司在正规教育体系之外，与教育部门有着密切联系。尽管它们没有颁发职业教育学历的资质，但却对职业院校的课程内容产生了重要影响。

这种现象与学校及教师职业教育技能的退化密切相关。职业教育本应遵循其自身规律，培养技能型人才。然而，职业院校往往模仿传统本科院校的人才培养方案，教师的晋升体系也与研究型本科院校相似。这导致了职业教育的偏离。

教育平台类公司在职业技能大赛中扮演着主办方的角色，影响着赛题、课程体系的标准和规范，这使高职院校在课程设置和内容方面受到了很大限制。

（2）教师

教师的职责本应是关注课程体系和岗位技能，但在现实中，教师的时间和精力并未集中在这些方面。原因多种多样，这里不再赘述。

目前的情况是，高职院校的课程内容往往是减配版的研究型本科课程，学生和学校都渴望升本。教师在职业教育方面的投入不足，关注点更多在于课题、论文、职称和职务。这导致了职业教育的质量和实用性下降。

（3）课程

虽然现在有很多关于课程设置的讨论，但在实际落地和对标岗位需求时，仍存在很多问题。以财会类专业为例，很多公司的财务部门已经发生了很大变化，但课程内容却没有跟上这些变化。

这导致了高职毕业生在就业市场上的竞争力下降，很多企业认为高职培养出来的学生需要进行二次培训。这并不是课程本身的问题，而是课程设置和实际需求之间脱节的问题。

（4）建议

未来，职业教育应摆脱对平台的过度依赖，教师应更加关注职业技能的培养，将目标和注意力转移到就业需求上。随着疫情的影响，未来 5 ~ 7 年，服务地方和职业岗位技能培养的政策导向可能会更加明显。

职业教育有很大的发展潜力，但需要改变现状。课程设置应由高职院校的教师与实际业务驱动的公司共同完成，以提高课程的实用性和针对性。

2. 课程有了，教师在哪里

我曾遇到许多学校的领导，觉得日常事务繁巨，无暇抽出时间和精力进行专业改革，课程内容的创新和新知识的学习更是一种奢望。所以摆在眼前的根本困境就是，领导者也知道该改，心里也知道怎么改，但是没有可用之人，怎么办？

这里就牵扯到两个层面的思考，一是，领导者在专业改革层面的思考站位和诉求是什么？二是，真的没有这样的人，还是说没发现这样的人？

第一个问题的本质就是，如果领导者认为，学校提供了这样的平台和机会，所以改革的成果都是他主导的，那么这样的推动多半会事倍功半；反之，如果领导者有着更高的使命驱使，专业改革的使命使领导者能够不计个人名利得失，以成事为最终目标，那么结果不但会非常顺利，而且成果也会比预期的多。

第二个问题就很考验领导者本人对团队能人的提拔和大胆任用。在这种攻坚克难的关键时期，绝不能看关系、讲派系，甚至是论资排辈，而是必须要把有能力的人的潜能激发出来，搭舞台、给资源、讲回报。这期间，领导者一定要完成自身角色从团队的引领者到服务者的转换。一般而言，任何一个团队中，都有对某一门课上了一段时间之后很有想法的老师。找到他们，问问他们的想法，关注一下他们的诉求，改革的事多半就会有眉目。

当然，如果领导者真的没有可用之人（我接触到的大多数团队领导者忧心的都是这个问题），也可以借助外援，虽然我仍坚持相信大多数团队里本身就有这样的人。外援的一个问题是很难与原有老师形成合力，因为某件事对领导者来说是核心利益，对外援来说只是一个普通项目。这期间的利益均衡很难把握，而领导者始终不太能掌握外援的考核权。

综上，我认为专业改革的领导者应着眼于整个团队的利益，轻个人利益得失，找到队伍里这样的领头人，去发现和启用，然后一切资源都向新的领头人倾斜，这样改革成功的概率就会很大。

讲完了改革的开拓者遴选问题，自然就到了创新团队搭建的问题。这非常像项目管理，可能和我们学的专业课程步骤有所不同。

要做一个项目，第一要交代清楚项目的背景，第二要明确项目的目标和意义是什么，第三要明确项目的时间点，第四要了解项目的价值是什么，第五要明确项目的完成度量以及要求，第六要明确项目的预算、成本以及利润。

比如领导者要找老师来上新课，那么首要的问题就是把开新课和上新课的背景意义交代清楚，不是说非要宏大叙事，而是要有能打动教师的利益或理由。接下来要跟老师讲清楚上新课的目标是什么。老师对新课产生畏惧之情无非有三条理由：一是不想学新东西，怕费脑子；二是有点想讲新课，但觉得备课准备资料辛苦；三是害怕上新课带来的学生测评等考核后果。如果作为团队领导者，能把教师的后顾之忧解决了，比如完备的授课资料，以及考核的保驾护航，那么剩下的就看老师的学习能力了。一定会有不甘落后，或者有学习新知意愿驱动的老师。紧接着就是上新课的具体时间节点，这牵扯到老师的时间和精力的调配，必要的时候还要安排外出学习时间。再者就是要讲清楚上新课的价值体现在哪些方面，比如专业改革的引领者，以及在新领域的一系列成果的获得。再接下来就是要要求教师能够完成正常的教学工作，并确立新课程的地位。最后是要平衡一下上新课这件事所要付出的成本、时间和精力，以及未来能获取的利润，即后续能得到的各种利益。

这几个环节和步骤的执行必须严格有序、保障有力，决不能出现言而无信或朝令夕改的情况。这是最难保障的，现实往往是，事先说得好好的，事后就讲客观条件，完全忽略了当初安排教师上新课时的迫切初心，这样以后的工作就没法开展。我再明确一下，哪怕你以前一直是那样带团队的，这一次也要善始善终，专业后续的新课程才能持续有力地推进。

3. 学生社团的培养与发展

为什么要发展社团？

学生社团可以用来树立典型。这个典型的树立必须有一个非常实际的榜样机制，那就是赚钱。新技术交给一批新学生来学习，学成之后学生可以对接社会上的企业来做业务，直接变现。

这需要领导者充分利用学校现有资源，通过教育类平台公司，外延至真正有需求的公司，瞄准业务，学习新知，然后变现。RPA、各种 BI 工具，以及零代码数字化平台工具，都有着非常不错的业务前景。其中 BI 工具的前景偏向于培训，RPA 偏向于具体的企业提质增效业务，零代码平台则在生活中处处是应用场景。

做学生社团也要做好选拔。我们应该从学生的逻辑思维能力、社会认知能力、信息整合和学习新知的能力四个方面入手来选拔。

选拔后要进行知识体系方面的培养。现在财务方面需要注入 MySQL、Pandas、Tableau、RPA 四大模块，而 FineBI 和简道云等相对简单，故不单独列出来。

以 MySQL 为例来讲，从计算机专业角度来看，要侧重于 ER 模型，三个范式，主键，内连接，外连接，增删改查，数据的备份、死锁、并发，等等。

而从财会类专业角度来看，则需要用到表之间的关系，增删改查的侧重点也和计算机专业不一样。计算机专业要求的是性能稳定、关联逻辑缜密；财会类专业要求的是能理解结构，按要求查到数据。

关于 MySQL 在财务领域的发展，我有一个非常大胆的想法，就是将来公司都会有自己的数据库，并依据该数据库完成进销存、人财物的各种资金流和管理流的定制开发，完成各种财务报表以及公司自己的内部账系统。绕过现在的一些中间体，公司可能更多地在适应会计准则和税法要求的前提下，有自己独立的财务体系。

这一点绕不开数据库和零代码的系统开发平台。后者更容易上手，但前者则是基础中的基础。

社团的业务承接和绩效分配也很重要。

这需要社团有强有力的领导者，领导者的"外交"能力必须很强，而且能够促成业务合作。做学生社团这条路注定不好走，但是，社团的学生能够获得知识结构和认知的成长，获得宝贵的人生财富，也能够带动其他学生与老师对新课程学习和讲授的热情。

4. 现在企业的财务人员都在做什么具体工作

专业改革有一个绕不开的问题就是，现在企业中的财务人员到底都在做什么具体工作？为此，我在一些中小微企业和其他机构进行了走访和调查。其中有的是"专精特新"类百人规模的企业，有的是十人左右、业务比较单纯的极小公司，有的是大型连锁企业的分部，也有的是业内熟知的高校和国企事业单位。

虽然工作内容千差万别，但是整体业务归类差别不大，可以分为会计岗和出纳岗。

（1）会计岗

- 审核原始单据

- 填制会计凭证，装订管理会计档案

- 收入、成本核算，结转损益

- 固定资产、无形资产管理及折旧

- 登记管理会计账簿

- 申报纳税，对接税务局

- 编制财务报表

- 年度审计

- 工资核算

（2）出纳岗

- 银行、现金收付（往来货款、日常报销）

- 登记日记账

- 开具发票

- 工资发放

整体来说，整个财务岗位的工作重点，已经开始从制单转向审核。更多的是票据的规范性审核、报销流程的审核、各种单据的比对。在对整个岗位工作内容的调查过程中，我也发现企业对现金日记账的要求自始至终都没有发生什么实质性的改变。换句话说，无论财务会计岗位发生什么样的技术性、颠覆性革命，现金日记账作为企业血液循环的检测器，其重要性一直都存在。

我调查的企业财务会计岗位的工作内容中没有说要进行财务数据分析的，此项工作内容更多的是财务总监级别人物的考虑范畴。换个角度来看，如果工作内容只是各种报销票据的整理核对和记录，那么这个岗位上的人要想对整个公司的财务状况做一个全面的数据分析，难度可想而知。但是如果单纯从课程设置和岗位内容的设计角度出发，从业者可以从报销流程及票据的变化情况，推测公司的整体业务状况。这种描述、发现和预判的过程，本身也是一种大数据财务分析的思路。

从这个层面上推而广之，每个财务相关岗位都可以用已有的数据进行分析和研判。这些从个别角度"窥一斑"，进而探视公司"全豹"的分析，综合起来，肯定会对公司的整体运营有一个相对更全面、更准确的分析呈现。

整体调研结果给我的直观感受有以下四点。

一是今后高职院校要加强现金日记账的实践教学工作。

二是财务会计岗位急需各种校验核对的新技术（比如机器人、数据处理与分析）的引入。

三是财务部门需要的人数在急剧下降。调查显示，500

人以下企业的财务部门基本配置为 3~5 人，规模 10~50 人的企业，绝大多数根本就没有财务岗，其财务业务由代账公司管理。

四是财务大数据分析可以从不同工作岗位的不同视角，使用大数据分析关联关系的方法进行推进，更利于高校学生适应未来不同公司财务岗的需求。

5. 为什么现在还有财务造假

随着时代的进步，数据造假几乎没有可能了，但是为什么财务还可以造假呢？

众所周知，财务造假最终想要的结果通常是增加利润，让公司整体业绩看起来是稳固上升的、有发展前景的。那么想要增加利润，就会通过增加收入、减少成本费用、调整非经营性损益等手段来实现。比如收入造假，一般分两种，一种是虚增收入，另一种是控制收入确认的时间点。这两种手段的最大区别是：收入是不是真实业务产生的。以前企业需要伪造合同，重复开票，但是在应收账款这个环节就暴露了。现金流量表和经营性现金流入相比利润表的营业收入也暴露了问题。控制收入确认时间点是由于会计年度结算制度的时间节点所致。

一个业务发生的真实与否，有着完整的证据链条，每一个环节节点都有不可否认的数据产生。以前财务分析或者审计人员之所以没有发现，很大程度上是对业务的不理解造成的。如果一个熟悉各项业务的财务去做审计，这种虚构事实的情况很容易就能被看穿。所以一直以来，我们都强调业财融合。

其实除了从业务分析角度可以一眼看出财务报表的猫腻之外，还有一种就是通过财务大数据分析的方法来确定报表的真假。

比如虚构了合同，那么业务也应该相应增加，但是公司的其他相关费用，生产、库存、用水、用电、用工，甚至是员工个人所得税的数据，也能反映出来业务的真假。如果想方方面面都考虑到，方方面面都把数据整理好，几乎毫无可能。

所以说财务数据造假的根本问题是，财务大数据分析的方法和知识体系还没有建立起来。我认为首先应该推进的是大数据审计、财税大数据应用这样的知识体系重构。如果还拘泥在财务报表内部，依靠各种指标之间的异常来判定财务报表的真假，会费时、费力、费心思，结果还不尽如人意。

如果财务报表的审计人员掌握了大数据分析的正确思路和方法，具体财务报表的真伪真就成了秃子头上的虱子——明摆着。

6. 未来五到八年财务岗位会发生哪些变化

我认为，手工账务处理会消失，核算岗基本上也会消亡。

以后账目都是在业务发生时就已经被记录，被审批通过后就自动录入财务系统中，形成某一张表下面某一个费用项的具体数字。现在的收入会计、费用会计、成本会计、总账会计等都会消失。主要原因是这些岗位都是事后的统计，是依据某些规则（比如会计准则）获取数据并转换成会计的数据而已。

众所周知，规则明确、流程清楚、不容置疑的人类行为都会被计算机替代。

未来资本会计将侧重于帮助企业融资，即债权、股权的融资，这些更偏离传统的财务。

业务会计、能够应对税务监管的会计、税务架构会计，这些很难被机器替代。

未来财务运营管理、商业分析和数据分析岗位之间的区别会越来越模糊，财务在公司中所拥有的数据权限是最高的，未来也只有财务人员才能真正把公司的所有数据都用起来。如果我们不掌握 BI、SQL 和 Python 这些技能，会更容易被替代。

在未来的大数据时代，财务岗位可能会发生以下几个变化。

1. 财务职能的转变：随着数字化经济的发展，财务职能将逐渐从单纯的资金管理渗透到业务管理，并进一步向企业决策中心靠近。在数据成为重要战略资产的背景下，财务部门将利用其数据优势，提供企业所需的各类决策信息。

2. 财务岗位的需求变化：随着智能化财务管理的发展，企事业单位、金融部门和会计师事务所等机构对智能化财务核算师、智能化财务工程师、智能化财务运营师和智能化财务规划师等新岗位的需求将不断增加。

3. 数据分析能力的重要性提升：在大数据时代，财务岗位的分析能力将变得更加重要。财务人员需要具备更强的数据分析能力，能够从海量数据中提取有价值的信息，以支持企业的决策制定。

4. 财务安全性的重视：随着数据泄露和网络安全问题的增加，财务岗位的安全性将受到更多的重视。财务人员需要加强对数据安全的保护，确保企业的财务信息不受到损失或泄露。

5. 智能化技术的应用：随着人工智能技术的发展，智能化技术在财务领域的应用也将逐渐增加。例如，自动化记账、自动化审计、自动化税务处理等技术的应用，将大大提高财务工作的效率和准确性。

总之，未来的大数据时代将给财务岗位带来一系列的变化，财务人员需要不断学习和适应新的技术和工作环境，以更好地支持企业的发展。

附录三 传统财务课程改革建议

1. 传统财务课程应该怎么改

要回答这个问题，首先要明确我们财会类专业的培养目标是什么。

要解决培养目标的问题，就要解决对标岗位的问题。

要解决具体岗位的问题就必须去企业实地走一走、看一看。

2022年的暑假，河南省高职院校开展了轰轰烈烈的访企拓岗活动，我有幸走访了十几家企业。高职院校不少学生有到代账公司就业的，我走访的三家代账公司都表示，我们院校培养的学生，到这里一到三个月内必须由指导老师带着才能就业。目标企业的岗位是明确的，辅导的针对性特别强，基本上就是订单式的培养方式。

有个代账公司的老板跟我讲："现在我们不讲基础会计，指导学生的都是管理会计内容。因为基础核算都被程序替代了。现在人家公司里都是智能化的会计管理，对财务分析能力要求很高。这就要求财务有很高的综合能力，年轻人需要很长时间的沉淀才行。现在我们接触到的企业基本上不需要基础会计了，他们想要的都是能把企业财务工作上升一个高度的财务人员。因为老板看不懂财务报表的问题一直存在，所以我们现在和深圳一家企业合作，请对方来帮我们做企业经营管控，直接做出老板能看懂的报表。"

还有一位老板向我们吐槽说，现在我们学校出来的学生他都接受不了，他认为这些学生啥都不知道，没有基本的常识，有个别学生填原始凭证，十张有八张做错。

他进一步指出，现在的企业都是对数字高度敏感的，在手机端查看实时数据已经成为可能，他们代账公司也在朝智能化和分析决策支持方向转换。

更有企业人员跟我们讲："我们觉得企业特别缺会计，但是学生又找不到工作，主要问题是刚毕业的学生找的不是本专业的工作。人家现在公司都不要没经验的，这个经验怎么来？只能我们公司定向培养了。我们这里培养完，老师还要跟踪半年到一年，企业中遇到的实际问题我们保解决。"

他接着说，"你必须能站在老板角度提经营的建议才算有价值的财务。"

根据我们在绝大多数企业的调研结果，财会类毕业生在企业一般都是做外部账和内部经营账。只不过现在基本都是共享会计了，一个会计（或财务）管理 10~15 家企业。

而说到解决培养目标的问题，我们首先要改变现在这种"高职抄普通本科，普通本科抄 985 和 211 院校"的模式，明确职业教育和学历教育属于两个不同的赛道。

回到"传统的专业课程应该怎么改"的问题，我认为必须直面岗位，加强实操型人才的培养。以能力框架来框定知识点，按照工作岗位流程来梳理课程，而不是按照理论知识体系来授课。

所以，我们理想中的课程体系不应该是基础会计、会计实务、财务管理和管理会计这些，而应该是内部经营账、外部账、成本与预算实务、纳税实务、财务分析实务、企业运营分析实务、业务流程（进销存）实务等实操性课程。

2. Excel 财务应用课程的升级与跃迁

对于 Excel 财务应用课程，很多老师都非常熟悉。作为一门已经开设了十几年的课程，其成熟程度很高，知识体系相对都比较完备。

如今"Excel 在财务中的应用"课程和十年前刚开始开设的时候相比，体系结构和内容基本上差距不大，除了从章节体例改为项目体例，原来的练习改成了实训，加上了与时俱进的思政案例之外，几乎很难看到这门课程的进化。

简而言之，作为计算机专业进入财会类专业的第一门课程，授课老师和改革者并没有给予这门课程持续的关注和革新的态度。

还有一个值得注意的改变是，这门课程横向迁移出了很多奇怪的分支。比如 Excel 在审计中的应用、Excel 在税务中的应用。可能后面还会出现 Excel 在财务管理中的应用、Excel 在管理会计中的应用、Excel 在企业内控中的应用，等等。

平心而论，这些内容很难被称为创新。Excel 在财务中的应用，应该包括这些财务应用的分支领域。

现在 Python 引入财务后，大概率也会出现以上问题。

据我所知，在企业财务中，Excel 的运用几乎无所不在，但很多企业财务人员的 Excel 水平仍然很低。这个领域最厉害的应用是有人用 Excel 编了一个工作簿，里面包含了财务领域几乎所有的公式，如果需要算一个数据，比如企业年金或者复利，只要把原始数据填进去，马上就能得出结果。

由此我想到的问题是，将来 Python 会不会也会有类似的"神器"出现？

比如，我猜想，能否设计出一个财务的 Python 库，import（引入）数据后，用某个方法直接就能得出想要的结果，这个很容易实现。再具体点，例如要算资产折旧，要用到双倍余额递减法，只要输入 a.doubledegression（x）就可以直接出结果，x 是固定资产初始值。

听起来好像很厉害的样子，但是很多人会问：这和 Excel 那个宝典工作簿相比，优势在哪里？

前面有几篇文章我说过 Python 应该怎么引入财务，这和当时的 Excel 有着本质的区别。当时因为从算盘到电算化，财务确实需要有能电子化计算的工具，Excel 的出现适逢其时。但现在，我们是否一定要改用 Python？

我的观点是，Python 来解决的不是财务中的作图、分析、处理数据问题，它是来革新财务思维体系的。

作为催化了财务计算方式的 Excel 工具，需不需要进化？进化的方向是什么？

我觉得还是要和大数据结合起来。

而大数据有个最根本的问题，既不是工具，也不是平台，而是数据库和方法。

前文中我提到过企业开设财务数据库的必要性，那么

Excel 财务课程进化的方向也就应该是分析和处理数据。这方面专科学校因为学期总课时的问题，如果不能单独开设财务数据库课程，那么把它和 Excel 课程放在一起就是个比较明智的选择。当然单独开设数据库课程的内容也可以很丰富，主要是服务于中小微企业的数字化高速公路的搭建工作。

更何况在查询和处理数据方面，数据库的能力要远远高出 Excel，这一点在大数据时代就更弥足珍贵。

总结一下就是，未来"Excel 财务应用"这样的课程，应该从简单的财务数据计算，转到数据的处理与分析层面，转到和数据库结合的方向上来，这样大数据财会类专业课程的体系才更完备，逻辑也会更顺一些。

总之，Excel 要回归根本，重日常数据处理与计算，改革方向是要加入数据库的内容，弥补 Excel 在面对大数据时的不足和短板。

3. "管理会计"课程内容改革

关于"管理会计"课程内容改革，我有三个关注点：

第一，内容构建围绕决策展开；

第二，方法重构关注技能落地；

第三，升级维度注重人的思维。

（1）内容构建围绕决策展开

"管理会计"课程的内容，要紧紧围绕决策来展开。

首先要补充的知识包括三个部分：一是做决策的一般流程；二是做决策要遵循的规则；三是做决策中人的关键作用。

在企业经营的每一个具体的环节，或者至少是关键环节的重要决策，需要用到的方法、策略、规则和工具等，都要列入教材内容。

仔细思考，人们就会发现，企业经营始终是围绕"进、销、存、人、财、物"展开的，实际上一个企业从诞生开始一直在决策，经营什么、在哪里开店、雇用什么人，等等。当然这不在"管理会计"这门课程里涉及。我们是假设企业已经成立，且正在运营才开展管理会计的相关技能应用的。

如果想要紧紧围绕企业中的决策环节来展开管理会计的教学内容，建议从以下几个方面入手。

一是成本管理。企业要想作出决策，必须了解自己的成本情况，因此管理会计教学内容可以从成本体系、成本计算和成本控制等方面展开，介绍如何建立成本核算系统、如何计算产品成本、如何控制单位成本等。请注意，重点不是计算——这是财务管理和成本会计的内容，重点是管控，就是有成本核算体系来协助成本决策。

二是投资决策管理。企业要想决定是否投资某个项目或购买某个资产，必须考虑投资回报率和现金流量等因素，因此管理会计教学内容可以从资本预算和现金流量分析等方面展开，介绍如何评估投资项目的可行性、计算内部收益率和净现值等。同理，投资决策管理的关注点不在计算各种回报率的方法，而是如何作出相对正确的投资决策，更多地关注可行性。

三是绩效管理。企业要想提高效率和效益，必须对员工和部门的绩效进行管理，因此管理会计教学内容可以从绩效评价和激励机制等方面展开，介绍如何建立绩效评估体系、如何设置激励机制、如何制定绩效目标等。

四是预算编制管理。预算编制是企业制定长期和短期计划的重要环节，需要高级财务人员参与和指导。高级财务人员可以帮助制定预算的框架、目标和细节，帮助分析预算执行的风险和影响，提供预算调整和优化的建议。

五是资金管理。资金管理是企业保持良好运营的重要保障，需要高级财务人员参与和指导。高级财务人员可以协助制定合理的资金策略、优化资金结构和管理关键资产，同时负责制订资金流量计划和监控现金流等工作。

六是税务管理。税务管理是企业遵守法规和规章的必要环节，需要高级财务人员参与和指导。高级财务人员可以协助制定税务策略、优化税负和管理税务风险，同时负责协调企业和税务机关的关系，确保企业合法纳税和税务合规性。

七是风险管理。高级财务人员需要与风险管理团队合作，定期更新企业的风险管理策略，包括制订风险管理计划，评估风险及建议应对措施，确保企业做好应对潜在风险的准备。

八是资产管理。资产管理对于企业的长期发展非常重要，高级财务人员需要指导企业做好资产管理工作，如优化资产结构、定期评估资产价值等。

九是融资策略。企业需要从各种渠道融资，高级财务人员可以指导企业制定融资策略，包括定期评估债务、权益融资方式等，确保企业在获得融资资金的同时，也保持自身资本结构的合理性。

（2）方法重构关注技能落地

这指的是"管理会计"课程内容中与决策相关的章节内容，绝不是泛泛而谈、"理论高大上，落地就没样"的惯常做法。新课程的内容一定要有思路、有方法、有工具，形成一个完整的闭环。管理会计可以用 ERP 平台来做，脱离平台一样可以自己搭建更适合企业实际情况的系统来做。

比如税务管理部分，教材和课程的注意点绝不是税务筹划，而是如何规避税务风险。这里就可以指定一个工作流程，在合同签订、计划制定和交易发生之前，就提请税务风险审核，防患于未然。现在很多单位合同的签订都要通过法务审核，但在税务上还是比较粗糙。

为此专门购买一套 ERP 系统显然是得不偿失的，但可以自己用零代码工具搭建一个小流程，让每个环节开始都要先流转到税务审核，这样就能有效规避很多风险。

（3）升级维度注重人的思维

这部分最关键的是要让学生明白，真正做决策的话，人是非常重要的决策者。我曾举过一个非常经典的例子，同一件事，让三个不同的人来做决策，会得出完全不同的结果。

假设一家公司要开发一个新产品，让三个不同的人来做决策，结果分别如下。

经验丰富的老板：他认为公司应该继续开发已经成功的产品线，因为这是公司的强项，而且已经有了稳定的客户群体。他不想冒险尝试新的产品，因为这可能会浪费公司的资源。

年轻的创新者：他认为公司应该探索新的市场机会，开发一些新产品来吸引更多的客户。他相信，只有不断创新才能在激烈的市场竞争中生存。

财务部门的副总裁：他认为公司应该先评估开发新产品的成本和风险，确保这个决策在经济上可行。他认为，公司应该优先考虑利润和投资回报率，而不是探索新的市场机会。

由于这三个人的背景、经验和价值观不同，他们对同一件事的看法和决策会有所不同。这说明在决策过程中，人们的主观因素和个人偏好会影响他们的决策。

企业层面真实的决策场景也与之类似。

所以我们要规范如何做决策这个问题，将规则细化，便于执行。比如做决策的权力机构中，谁能做决策？做决策的组织流程是什么？做决策过程中人的因素是什么，即我们要回答一个关键问题："我们是要最正确的决策，还是要各方都满意的决策？"

这样的"管理会计"课程，才是真正能在企业中起到实际作用的课程，也是企业真正需要的课程。

4."会计信息系统"课程的内容重塑

"会计信息系统"这门课程，作为专业基础课程，现在主要是讲财务软件的使用。也就是说这门课程的内容，主要因某一特定财务软件的设计改变而改变。这种内容的课程，严格意义上讲不能说是课程，更像是一本操作说明手册。

以我们课程的标准和教学目标来说，是培养学生能操作××软件的能力。这多少和我们开设"会计信息系统"这门课程的初衷有点相背。

因为根据我们专业的人才培养方案："会计信息系统"既是一门跨学科的课程，又是一门专业理论、方法、实践都很强的课程，本课程介绍会计信息系统的基本概念，会计信息系统的设计方法；通过对账务处理子系统处理流程、数据文件、总体结构的分析和讲解，使学生理解和掌握计算机技术如何被用于会计信息系统，并实现购销存及资金管理过程中会计数据的收集、加工、存储和输出的基本原理和方法。

但是我们在实际教学中，往往仅让学生学了一个软件的具体操作，很难称得上"使学生理解和掌握计算机技术如何被用于会计信息系统"。数据收集，只是自己输入；数据加工，只是系统自动加工；数据存储，只是存储在软件内。

为了达成"使学生理解和掌握计算机技术如何被用于会计信息系统"这个目标，我们准备从企业实际出发，重新构造"会计信息系统"这门课程。

过去教材是按照软件的设计架构，分步骤按照软件的功能展开去讲的，现在我们脱离某个具体的软件，从企业财务会计岗位智能工作的具体场景来进行内容重塑。

过去我们的逻辑是："我不讲会计软件，讲什么？没有软件，计算机怎么能完成我们会计岗位上的具体任务呢？"

实际上我们有两种解决方案。

第一种方案是与既有的软件系统整合。

作为公司的财务人员，用高效的方法来简化财务管理流程是工作需要。零代码工具可以帮助财务人员快速搭建一个财务管理系统。

首先，创建一个账户管理页面，这个页面可以记录所有公司的账户信息，包括银行账户、支付宝账户等。可以在这个页面上添加、修改、删除账户信息，并且可以将账户信息导出为 Excel 表格。

其次，创建一个收支管理页面，可以记录所有公司的收入和支出。

再次，创建一个报表页面，可以生成各种财务报表，包括利润表、资产负债表、现金流量表等。这个页面可以根据用户选择的时间范围和报表类型自动生成报表。

最后，把这个财务管理系统与公司的 ERP 系统进行集成，可以实现数据的自动同步，避免数据重复录入的问题。

第二种方案是自主搭建场景。

作为一名财务人员，也可以使用零代码工具搭建一个完全替代原有 ERP 系统的财务管理系统，实现以下场景的功能。

（1）账户管理：记录公司所有的账户信息，包括银行账户、支付宝账户等。

（2）收支管理：记录公司所有的收入和支出。可以在这个页面上添加、修改、删除收支记录，并且可以按照时间和类别筛选收支记录。

（3）报表管理：生成各种财务报表，包括利润表、资产负债表、现金流量表等。这个页面可以根据用户选择的时间范围和报表类型自动生成报表。

（4）采购管理：记录公司所有的采购信息，包括采购日期、供应商、物品名称、数量、单价等。

（5）销售管理：记录公司所有的销售信息，包括销售日期、客户名称、物品名称、数量、单价等。

（6）发票管理：记录公司所有的发票信息，包括发票种类、发票号码、金额、开票日期等。

（7）费用管理：记录公司所有的费用信息，包括费用种类、金额、日期等。

（8）借款管理：记录公司所有的借款信息，包括借款人、借款金额、借款日期、还款日期等。

（9）报销管理：记录公司所有的报销信息，包括报销人、报销金额、报销日期、报销事由等。以上功能模块子系统均可实现添加、修改、删除报销记录，并且可以将报销记录导出为 Excel 表格。

通过对比以上两个零代码工具搭建的财务管理系统的方案，不难发现，第一种方案执行起来更方便，但仅是在原有 ERP 系统上修修补补，而且一旦要和 ERP 系统对接，就会发现接口的价格贵得惊人。不但前期花钱购买了 ERP 系统，中间管理人员要自己搭建做补充，最后数据对接起来还有壁垒。

第二种方案则完全贴合企业自身使用需求，花原来三分之一的钱，做了一个更贴合自身业务的会计信息系统。其实更重要的是，第二种方案是真正意义上的，按照工作岗位的技能要求，按照工作任务打造的会计信息系统。

这才是我们高职或者应用类本科学生应该掌握的关键技能。

5. 一个可能的《管理会计实务（财务 BP 版）》教材目录

第一章　管理会计的新时代——预测、决策、策略、方

法和工具（利用大数据和人工智能模型实现预测能力）

1.1　大数据和人工智能在管理会计中的应用

1.2　利用大数据进行预测的原理和方法

1.3　利用人工智能模型进行预测的原理和方法

1.4　大数据和人工智能在财务 BP 中的应用案例

第二章　科学预算预测——运用大数据和人工智能模型进行预测

2.1　预算预测的基本原理和方法

2.2　利用大数据进行预算预测的流程和技巧

2.3　利用人工智能模型进行预算预测的流程和技巧

2.4　预算预测的调整和优化

第三章　销量提升预测——利用大数据分析工具揭示销量下滑的根本原因

3.1　销量提升预测的原理和方法

3.2　利用大数据分析工具进行销量提升预测的流程和技巧

3.3　销量提升预测的调整和优化

3.4　利用大数据分析工具揭示销量下滑的根本原因

第四章　财务规划预测——确保公司现金流的稳健、有效和健康发展

4.1　财务规划预测的基本原理和方法

4.2 利用大数据进行财务规划预测的流程和技巧

4.3 利用人工智能模型进行财务规划预测的流程和技巧

4.4 公司现金流稳健、有效和健康发展的策略和方法

第五章 税务筹划策略——遵循应缴尽缴、应享尽享的纳税原则

5.1 税务筹划的基本原理和方法

5.2 利用大数据进行税务筹划的流程和技巧

5.3 利用人工智能模型进行税务筹划的流程和技巧

5.4 公司税务筹划的风险控制和管理

第六章 绩效评估策略——制定公平、客观、灵活且可操作性强的 KPI

6.1 绩效评估的基本原理和方法

6.2 利用大数据进行绩效评估的流程和技巧

6.3 利用人工智能模型进行绩效评估的流程和技巧

6.4 公司绩效评估的风险控制和管理

第七章 资产管理策略——控制风险并实现投资资产的持续增值

7.1 资产管理的基本原理和方法

7.2 利用大数据进行资产管理的流程和技巧

7.3 利用人工智能模型进行资产管理的流程和技巧

10.4 投资组合的构建和管理

10.5 融资渠道和策略的设计和实施

10.6 监控与合规管理的实施

第十一章 新产品开发决策——综合考虑研发、市场、销售、供应链和用户需求的因素

11.1 新产品开发的基本原理和方法

11.2 利用大数据进行新产品开发的流程和技巧

11.3 利用人工智能模型进行新产品开发的流程和技巧

11.4 新产品开发的风险控制和管理

11.5 新产品推广和销售策略的制定和实施

第十二章 产品定价决策——综合应用成本、竞争、价值和市场调研等因素

12.1 产品定价的基本原理和方法

12.2 利用大数据进行产品定价的流程和技巧

12.3 利用人工智能模型进行产品定价的流程和技巧

12.4 产品定价的风险控制和管理

12.5 产品定价策略的设计和实施

第十三章 成本战略决策——通过降低成本和优化供应链来提升产品竞争力

13.1 成本战略决策的基本原理和方法

13.2 利用大数据进行成本战略决策的流程和技巧

13.3 利用人工智能模型进行成本战略决策的流程和技巧

13.4 降低成本的策略和方法

13.5 供应链优化的策略和方法

13.6 产品竞争力的提升策略和方法

第十四章 项目投资可行性分析

14.1 项目投资估算

14.2 资金来源及筹措方案

14.3 项目经济效益分析

14.4 项目成本估算及控制措施

14.5 经济收益预测及投资回报期分析

6. 写在最后的话

在本节，我想要跟大家聊聊自 2020 年 6 月份以来，我们在大数据与财会类专业改革方面的尝试和总结。这些经验教训或许能给大家带来一些启示，也可能提供一个未必完美但可行的解决方案。

我们学校的智能财经学院成立于 2020 年 6 月，那时我们就开始着手进行专业改革。按理说，大数据与财会类专业改革开始的标志性事件是新修订的《职业教育专业目录

（2021 年）》的发布，但其实很多学校早在 2020 年就开始行动了。目前有两种主要做法：一种是将计算机院系拆分，分配到财经商贸大类的学院中，让不同专业背景的老师互相碰撞，推动专业改革；另一种是从计算机院系和原有的财会类院系抽调精干力量成立新学院进行改革。我们的做法属于后者。这样做，即使改革没有搞好，也可以取消新学院，相对来说压力小点。

我们新学院的成员包括计算机学院的两位老师，会计学院的一些老师，以及财税金融学院的一些老师，总共三十多人。我们的目标从一开始就很明确，就是要进行专业改革，主要从逻辑、数据和财务三个维度来入手。

第一个维度是逻辑维度。

新学院成立后，我们第一个相对明确的方向是引入 Python，然后是配合各种 1+X 证书推进改革。引入 Python 的难点在于如何将 Python 与财务结合。后来，我们看到上海一家公司尝试用 Python 解决财务核算问题。在和该公司联系沟通学习了三个月以后，我们萌生了编写《Python 财务基础》教材的想法。期间我们还和一家公司聊过合作的可能性，但后来对方抛弃了我们。不过，后来我们还是克服困难，于 2021 年 11 月出版了《Python 财务基础》。这本书现在已经销售 3 万余册，入选了"十四五"职业教育国家规划教材，同名课程也获评省级精品在线课程。

有了课程，人才培养方案的规划就要提上议程。这期间我们考虑过开设"Python 量化交易"课程（后来没开成），获取的经验是，不宜对财会类学生掌握 Python 的程度有过高期待。当然，在财务专业课程中引入 Python 的过程是艰难的，一开始我们先尝试培训老师，但因为不同专业背景的教师之间认知差异太大，结果失败了。于是我们转向学生，于 2021 年 11 月成立了创学团。我们发现，培养学生比培养老师容易得多，所以很快便决定主打"学生牌"，后来证明这条路是对的。

《Python 财务基础》这本教材的编写，学生也参与了很多。从章节目录的搭建到重塑，过程相当复杂。感谢高等教育出版社的果断和勇气，出版了这本书。期间，我们与编辑反复沟通教材的定位、内容深度和代码复杂度等问题，编辑甚至亲自运行了每一个程序。

随着交稿日期临近，我们发现了更好用的 Thonny 和 Raptor 工具。前者可替代 PyCharm 或 Jupyter；后者可替代程序员的流程图，还能判断流程正确与否。可惜时间紧迫，未能将它们纳入教材。正因这两个工具的引入，我们编写《Python 财务基础》的目标变成了"打通 IT 和财务的最后一公里"。我们的想法很质朴，就是财务只要会用 raptor 画出流程图，IT 部门的程序员就能用任何语言来实现它。当然，高阶的财务人员可以自己用 Python 编写程序，这个目前看来难度依然很大。

2021 年年底，我们接触到了 BI 工具 Tableau 和 RPA 工具 UiPath，现在这些工具已经应用得很普及了。学生对可视化工具非常感兴趣，因为学习成本低且效果易展示。创学团里一开始只有三名男生学习 UiPath，但他们后来证明，学 UiPath 的用处很大，他们为我校财务处部署了年度对账机器人，财务处奖励了他们 2000 元现金。当然他们在 BI 工具方面也有斩获，在分析了学校智慧餐厅的用餐数据，并给老板一些切实可行的建议之后，老板给了他们 10000 元餐券。后来 BI 工具也在学院的党建大数据分析中起了一些作用。

这样，我们完成了两本教材在逻辑维度上的构建——《Python 财务基础》和《RPA 财务机器人》。以这两本书为教材的两门课程有严格的先后开始顺序，前者对数据类型和流程以及逻辑的搭建，是后者编写机器人流程的基础。当时我们并未考虑编写《RPA 财务机器人》这本教材，因为其他很多同行也做得很好。不过，我们认为，未来"RPA 机器人"课程的引入必须遵循两个原则：一是机器人不能局限于某个平台，因为开放式部署才是实战和业务的根本；二是必须找那些在实际业务中大量使用的机器人学习，这意味着我们的合作方只能是有具体业务的 RPA 公司。我们恰好在河南本地找到了一家，现已决定出版国产 RPA 机器人方面的教材，内容全部来自该公司的真实项目和具体业务案例，针对财务领域稍微做了一些调整。

第二个维度是数据维度。

在 2021 年 4 月的开封论坛上，我提出了逻辑—数据—财务三个维度建专业的设想。当时并没想好数据维度如何建设，朦胧的想法是要有数据思维训练，建立数据思维体系和方法论。

财务维度当初完全不敢涉足，但经过三年持续不断的阅读和学习财会类专业教材，2023 年我们也开始了财务专业课程改革，在后续的书中我再详细介绍。

在数据维度的教材建设方面，我们一开始准备编写的是《数据思维训练》教材，由于专业标准里没有这个名称，后来改成了《大数据技术应用基础（商科版）》教材，内容依然是服务于商科学生建立数据思维体系。

这本教材的编写动用了六所学校的老师和两家公司的员工，经过多次修改，最终稿依然让我们不够满意。但从问题到数据、从数据到问题并提出解决方案的数据思维体系和框架已经建立。对于上了两轮课的我们来说，我们在未来还需进一步修订和改进这本教材，而且现在我们也已经有了两三个很好的思路。

通过两年来的教学实践，我们发现，对于商科学生来说，数据思维非常重要。很多学生一开始都无法区分事实与观点、信息与立场，一些常见的逻辑误区更是在广大师生中普遍存在。这本书后续将加强这方面的内容，还会加入一些基本计算机操作知识，替代原有的计算机文化基础课程（我们现在就是这样做的）。

这本书 2023 年 6 月已经正式出版，据悉，全网同名的教材中，只有我们一本是按照数据思维体系的搭建来编写的。

"数据处理与分析"课程是由原有的"Excel 在财务中的应用"课程升级而来的，加入了 SQL 方面的知识。对于用 Python 的 Pandas 处理数据，财会类学生掌握起来仍有困难。因为这门课的一半内容是 Excel，所以可以使用市面上成熟的教材，只要在讲课的时候适时补充 SQL 知识即可。也由于同时开启这么多本教材的编写，我们应该把时间和精力放在最难的事情上的缘故，对于这门课的教材，我们迄今仍没有想要编写的计划。

数据维度的最后一本教材是《财务大数据分析》。这本书我们也编了三年，讲过三轮课，预计 2024 年 2 月出版。编写时间越长，更新就越多。零代码工具和 FineBI 被我们引入书中，主要强调业务、投融资、管理、经营和内控等五个方面的大数据分析。零代码工具解决了小微企业流程和数据不完整、不规范的问题。我们搭建了四个应用，都是用实操案例模式来讲解。学生学得很开心，觉得有用，劲头十足。

未来，我们在数据维度可能还会给高职本科生编写一本《财务数据库基础》教材，我甚至在第 27 届四说研讨会上，讲过自己准备编写这门课程教材的思路，甚至都有了课程标准。在此不便展开，等有时间和精力，以及确实有需要的时候再考虑是否编写。

第三个维度是财务维度。

在财务维度方面，我们的精力主要放在了两门课程上，即"会计信息系统"（专业标准里的另一个名字是"业财信息系统应用"）和"管理会计"。在阅读财会类专业书籍的三年中，我的第一个感受是知识条块分割不明显，许多课程名称不同，但内容雷同。第二个感受是理论完备，但具体实现方法有限。针对这两个问题，我先解决了避免将《会计信息系统》教材编写成传统 ERP 软件说明书的问题。

这不是我的独创想法。在对一些公司的调研中，我发现有不少公司和我们想法一致，并已付诸实践。这让我更坚定了改革的决心，即利用零代码工具搭建财务系统常见的八大业务场景，完全贴合公司实际情况，构建财务和业务系统。过去这是不可能的，因为需要代码开发。有了零代码工具，财务人员也能轻松搭建应用系统。这门课的教材预计在2024年上半年出版。

"管理会计"这门课程的改革，难度很大。我们尝试了多次，最终确定用机器学习和人工智能工具，围绕管理会计的预测和决策两大基本职能，重构这门课程。

简单来说，就是利用公司自有数据（如过去3~5年的数据），通过机器学习来构建本公司的大模型，然后用这个大模型预测公司未来几年的关键数据，聚焦管理会计最常用的12大工作场景，进行预测和决策。

至此，我们完成了逻辑—数据—财务三个维度的专业课程体系建设。我做了一张思维导图，以折页的形式附在本书中，其中的蓝色部分是已经出版，或者已经完稿、马上要出版的教材。再加上现在这本专著，我们凑足了"七颗龙珠"。

另外六本书分别是：《Python 财务基础》《大数据技术应用基础（商科版）》《财务大数据分析》《会计信息系统》《RPA财务机器人》《管理会计实务（财务 BP 版）》。

在本书中，我详细阐述了三年多来我们团队如何尝试专业改革，如何编写教材，以及踩过的坑和珍贵的失败教训。这仅仅是我们三年多来的探索，未来还需经受时间和大家的检验。我们讲不了高深的理论，只是想瞄准具体应用场景，把大数据与财会类专业建设落到实处，具体到课程、教材、人才培养、产教融合、职业技能大赛等方面，一步一步去做。

　　总之，希望我们的探索能引发大家更多的思考和创新，更希望我们抛出的"砖"能引来大家的"金"和"玉"。

后 记

AFTERWORD

在本书最后修订并付梓的前一个月，我的母亲猝然离世。手足无措的不只有我，我的儿子也不知道该以什么样的举动来应对。我给他讲庄子之妻亡故，庄子却鼓盆而歌的典故，跟他讲我的认识是，针对这件事，以什么样的情感去应对都是恰当和得体的。

我们回到本书，来讲一讲三年多来我的转变和感悟。

我曾想在本书扉页写下这样一段话：

"一个值得追求的人生目标是，成为有影响力，且行为不能被预测的人。"

作为 ChatGPT 不能替代的作者，我希望本书能带给读者不一样的阅读体验。

回顾几年来大数据与财会类专业的改革之路，我现在可以问心无愧地讲，我做到了三个从 0 到 1。

1.第一次把 Python 引入财会类专业的课堂。标志性事件是我撰写的《Python 财务基础》教材 2021 年 11 月由高等教育出版社出版，现在已经是"十四五"职业教育国家规划教材。

2.第一个在商科教材中确立了数据思维体系。我把财经商贸类专业的"大数据技术应用基础"课程，用建立数据思维体系的方式编写出来。标志性事件是我撰写的《大数据技术应用基础（商科版）》教材 2023 年 6 月由人民邮电出版社出版。

3.第一个把零代码工具引入财会类专业的课堂。标志性事件是我撰写的《会计信息系统》教材 2024 年上半年即将由高等教育出版社出版。这本书的书稿 2023 年 8 月就已经交付，是一本用零代码工具完整重塑原有《会计信息系统》的书。按照新专标，应该叫《业财信息系统应用》。

未来我还要做第四个从"0 到 1"，就是把人工智能和机器学习引入"管理会计"课程，把决策和预测落到实处，让财务部门真正成为企业的数据中心，预测和决策的有力支持者，我预计教材的出版要到 2025 年了。

作为"三个维度建专业"体系的首创人，以逻辑、数据和财务三个维度建专业的路子我还会继续走下去。且未来的"财务管理"课程，在全新的"管理会计"知识体系确立后，也能明确界定自己的知识体系边界。更重要的是，随着新技术的普及与推广，商科类的其他学科与专业，比如工商管理、金融等，都能够展开类似的专业改革。

如果在大数据与财会类专业课程融合方面，本书没能给你一种真正的兴奋和喜悦的感觉，那么这是我的失败。

如果在具体阅读本书的观点以及学习案例的过程中，我没能向你展示新技术可以是如此的炫酷和容易掌握，那么这是我的失败。

如果本书没能给你启迪和希望，进而让你深入了解大数据与其他传统商科课程（除财务之外）的更多可能性，那么这是我的失败。

希望通过在本书中我的一点小小的探索，能给读者在其他专业的相关改革提供一点想法、一个思路，或一种工具。本书可能会对你有所助益，或不慎令你退步，甚至走了弯路。无论如何，愿此书能清楚地表达，并时常令你记起本书中提及的方法和工具，以及我对你的爱与感恩。

张艺博

2023 年 11 月于郑州